北京仲裁

BEIJING ARBITRATION QUARTERLY

北京仲裁委员会
Beijing Arbitration Commission
北京国际仲裁中心
Beijing International Arbitration Center

第 117 辑（2021年第3辑） Vol.117（2021,No.3）

主　办：北京仲裁委员会／北京国际仲裁中心
协　办：中国国际私法学会
　　　　武汉大学国际法研究所

中国法制出版社
CHINA LEGAL PUBLISHING HOUSE

目录

特　载

专　论

比较研究

Contents

Special Report

Monograph

Comparative Law Study

2020年商事仲裁中文文献综述

郑春媛　王思敏　贺万忠*

● **摘要**

基于对2020年收录于各中文数据库、国家图书馆以及纸质期刊上的商事仲裁中文类研究文献的整理，本综述梳理和归纳了2020年中文类商事仲裁研究的主要内容和基本特点。2020年商事仲裁中文类研究文献在数量上仍十分可观，其中著作类文献数量增幅显著；研究内容主要集中于特殊领域仲裁、司法监督与审查、“一带一路”与自贸区仲裁，以及仲裁程序等事项。除国际投资仲裁外，体育仲裁亦是一大研究热点；同时也涌现出许多尤其在特殊领域仲裁方面的创新研究成果。学者们在继续探讨传统仲裁制度、理论或问题的同时，还聚焦于国内外实践中涌现的新法律现象及立法最新动态，研究域外仲裁理论与相关实践案例，为我国仲裁制度的发展和完善提供宝贵建议。

● **关键词**

商事仲裁　研究综述　理论与实务研究　中文文献

Abstract: Based on the collation of Chinese research documents on commercial arbitration in 2020 collected in various Chinese databases,

---

* 郑春媛，外交学院法律硕士研究生；王思敏，外交学院法律硕士研究生；贺万忠，外交学院国际法系教授，北京仲裁委员会/北京国际仲裁中心仲裁员。

the National Library and several paper periodicals, this research summary has covered and highlighted their main content and basic characteristics. Overall, the aforementioned research documents are still quite considerable in quantity, among which the number of monographs has increased significantly. In terms of research field, 2020 has seen a concentrated study on commercial arbitration in special fields such as investment disputes and sports disputes, judicial review of arbitration, commercial arbitration in BRI and FTA, and arbitral procedure, etc. In addition to international investment arbitration, sports arbitration is also a hot topic. At the same time, many innovative research results have emerged, especially related to arbitration in special fields. While continuing to discuss the traditional arbitration system, theory or problem in Chinese commercial arbitration, scholars also focus on the new legal phenomena and the latest legislative developments emerging in practice at home and abroad, studying on foreign arbitration theories and cases, which provides precious suggestions for the development and improvement of Chinese arbitration system.

Key Words: commercial arbitration, research summary, research on theory and practice, Chinese literature

一、2020年商事仲裁中文类研究文献概况与数据来源

据不完全统计，2020年商事仲裁期刊论文共249篇，著作17部。上述所指研究文献源自中国知网（CNKI）、北大法宝等主要中文数据库、纸质期刊以及国家图书馆。笔者在这些平台上均以“仲裁”作为关键词进行搜索，并挑选其中以商事仲裁为研究对象的中文研究文献。

（一）著作类研究文献

2020年著作类研究文献共17部，包括中国商事争议解决2020年度观察1部、[①]

① 北京仲裁委员会/北京国际仲裁中心编著：《中国商事争议解决年度观察（2020）》，中国法制出版社2020年版。

仲裁法学基础问题研究 6 部、[①] 仲裁案例及实务研究 2 部 [②]、仲裁机构及规则研究 2 部 [③]、国际投资仲裁研究 3 部、[④] 金融仲裁研究 1 部、[⑤] 体育仲裁研究 1 部 [⑥] 以及译著 1 部。[⑦]

（二）论文类研究文献

在 249 篇期刊论文中，发表于《中文社会科学引文索引来源期刊 2019—2020 年目录》（CSSCI 来源期刊目录）中 24 种法学来源期刊的论文共 8 篇，发表于非核心期刊上的文献共 241 篇。在非核心期刊中，发表在专业性仲裁研究期刊上的文献共 45 篇（参见图 1）。

依研究文献所涉内容，2020 年期刊论文主要涉及以下事项：仲裁协议、可仲裁性、仲裁程序、第三方资助制度、司法监督与审查、仲裁裁决的承认与执行、仲裁机构、多元化纠纷解决机制、一带一路与自贸区、特殊领域的仲裁、仲裁制度的发展与改革、仲裁的域外立法以及仲裁理论等（参见图 2）。

此外，通过与上一年研究情况的对比可以发现，商事仲裁领域的论文主要涉及事项与上一年基本保持一致，整体上研究热点的分布情况没有改变。其中，关于仲裁协议、第三方资助制度、仲裁裁决的承认与执行、一带一路与自贸区、仲裁制度的发展与改革，以及仲裁的域外立法的论文数量较上一年

---

① 乔欣：《仲裁法学》，清华大学出版社 2020 年版；傅攀峰：《仲裁裁决既判力问题研究》，中国社会科学出版社 2020 年版；张圣翠：《仲裁司法审查机制研究》，复旦大学出版社 2020 年版；毛晓飞：《仲裁的司法边界：基于中国仲裁司法审查规范与实践的考察》，中国市场出版社 2020 年版；沈伟、陈治东：《商事仲裁法》，上海交通大学出版社 2020 年版；马占军：《商事仲裁员独立性问题研究》，法律出版社 2020 年版。

② 杨兢、刘英俊编著：《仲裁法理论与实务教程》，厦门大学出版社 2020 年版；黄晖、张春良：《中国涉外仲裁裁决司法审查：案例与评析》，中国社会科学出版社 2020 年版。

③ 刘晓春主编、深圳国际仲裁院编著：《〈深圳国际仲裁院仲裁规则〉理解与适用》，北京大学出版社 2020 年版；付俊伟主编：《"一带一路"国际商事仲裁指引》，社会科学文献出版社 2020 年版。

④ 张建：《国际投资仲裁法律适用问题研究》，中国政法大学出版社 2020 年版；宁红玲：《投资者—国家仲裁与国内法院相互关系研究》，法律出版社 2020 年版；龚柏华、伍穗龙主编：《涉华投资者—东道国仲裁案述评》，上海人民出版社 2020 年版。

⑤ 陈胜：《中国金融仲裁制度的构建》，法律出版社 2020 年版。

⑥ 张春良、黄晖：《国际体育仲裁院仲裁专题研究》，厦门大学出版社 2020 年版。

⑦ ［德］薄克暮、［奥］芮离谷：《从双边仲裁庭、双边投资法庭到多边投资法院：投资者与国家间争端解决的机制化选择（修订版）》，池漫郊译，法律出版社 2020 年版。

有所下降，关于仲裁程序、司法监督与审查的论文数量稳中有升，而关于特殊领域的仲裁的论文数量则有较大幅度的增长（参见图3）。

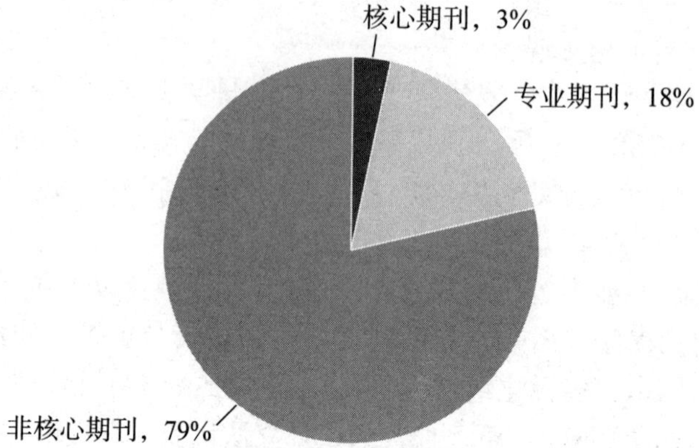

图1　2020年商事仲裁中文研究期刊论文来源情况

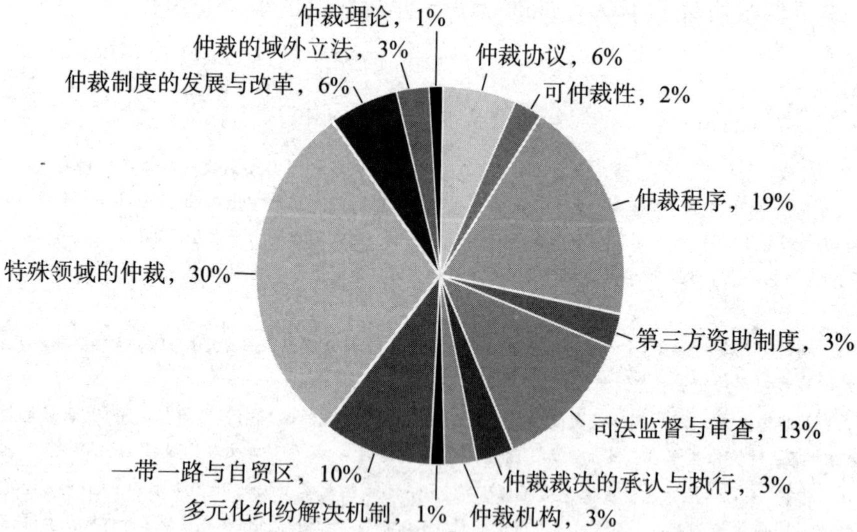

图2　2020年商事仲裁中文期刊论文研究内容情况

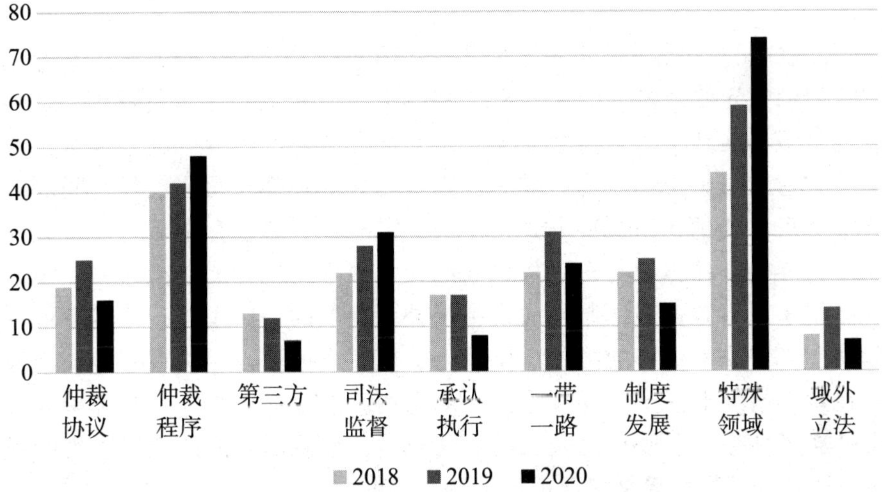

图 3　2018—2020 年商事仲裁中文期刊论文主要研究内容情况对比

二、商事仲裁著作类研究文献基本内容

2020 年度出版的商事仲裁著作数量颇多，内容丰富。综合性和专题性著作并存，理论阐释和实务剖析兼具。

其中，《中国商事争议解决年度观察（2020）》由北京仲裁委员会 / 北京国际仲裁中心组织行业资深实务人士就商事仲裁、商事调解、建设工程、房地产、能源、投资、国际贸易、金融、知识产权、影视娱乐、体育及民用航空等十二大专题的商事争议解决进行系统梳理和解读，通过对相关领域 2019 年争议解决情况的回顾，对所涉及的法律法规的解读，对热点问题和典型案例的剖析，全面翔实地总结 2019 年商事争议解决，向从业者呈现系统的行业专业知识和裁判思路，并对未来的发展趋势提出展望与建议，以期推进相关领域商事争议解决的健康、和谐发展。

《仲裁裁决既判力问题研究》深度探讨仲裁裁决既判力的历史源流、范围、效力内涵与适用标准，通过比较两大法系既判力制度的异同，考察仲裁裁决既判力所涉及的实践问题，并结合典型案例剖析既判力原则在仲裁中的适用，主张在既判力原则的适用标准上，适当软化“三重因素一致”要求，可避免诸多不合理的实践推论，达到平衡正当程序考量与满足既判力原则适用的双重目的。

《仲裁的司法边界：基于中国仲裁司法审查规范与实践的考察》从仲裁权与司法权的二元权力视角出发，尤以1994年《仲裁法》制定后我国仲裁司法审查的规范与实践为重点考察对象，探究仲裁的司法边界问题，主张仲裁权与司法权皆为以解决纠纷为目的的裁判权。仲裁裁判与司法裁判之间的共性使之成为可替代的纠纷解决方式，但与此同时，两者也存在显著差异。仲裁的司法边界也即仲裁权与司法权之间的权力界限。现行《仲裁法》在很大程度上终结了原行政仲裁体制，成为中国仲裁发展的一座里程碑，但不可否认在具体制度安排上仍有缺陷，这使法院不得不通过仲裁司法审查弥补立法漏洞，在特定情况下甚至改变立法设置的司法界限。随着第十三届全国人大常委会公布《仲裁法》修订列入二类立法规划，法院面临的两难局面可能得到改善，仲裁的司法边界将得以重新调整。

《商事仲裁员独立性问题研究》通过对商事仲裁员资格，商事仲裁庭组成人数，商事仲裁员委任，商事仲裁员的披露、回避以及替换，缺员仲裁庭，商事仲裁员法律责任所涉及的商事仲裁员独立性问题的剖析，以及以商事仲裁员独立性为主线对上述商事仲裁员具体制度间的内在逻辑和联系的分析，就如何完善我国商事仲裁员独立性问题，主张中国应在商事仲裁立法上明确规定商事仲裁员应具有独立性，进而规定认定商事仲裁员独立性的法律标准，并结合世界主要国家立法以及国际主要仲裁规则关于商事仲裁员独立性的规定，对仲裁庭组成的仲裁员独立性、仲裁员独立性的保障、缺员仲裁庭下的商事仲裁员独立以及商事仲裁员缺乏独立性的法律责任等诸多问题进行修改与完善。

《国际体育仲裁院仲裁专题研究》聚焦体育仲裁院，从CAS仲裁一般问题、仲裁协议、仲裁程序、仲裁裁决和奥运会仲裁等五大主题出发，紧扣CAS仲裁机制与实践中的关键性、节点性、热点性和疑难性问题对CAS仲裁机制与实践做了专题研究，以点带面地向读者呈现CAS仲裁的重要面向。

而对于金融领域的仲裁问题，《中国金融仲裁制度的构建》指出金融业在传统上一直排斥仲裁和其他非诉讼纠纷解决机制，其更倾向于将争议交由法院审理，特别是主要金融中心的法院。但随着银行等金融机构开展金融创新并取得蓬勃进步，国际金融领域的争议解决机制正在通过仲裁规则的颁布和修订而日趋形成，中国仲裁机构也较早地开始根据自身情况制定金融仲裁规则。为此，应以金融仲裁的自治性、专业性、灵活性为切入点，以高效、公平和效益为价值取向，在此基础上尝试构建和完善我国的金融仲裁制度。

国际投资仲裁为解决外国投资者与东道国政府间的国际争端提供了中立的、非政治化的法律机制。对于投资领域的仲裁问题，《国际投资仲裁法律适用问题研究》指出，在案件审理中，仲裁庭适用何种法律确定管辖权及争端的实体问题将直接关乎各方当事人程序及实体权益的实现。以《华盛顿公约》为基础设立的 ICSID 投资仲裁庭主要遵循当事人意思自治原则，在当事人未选择准据法时，则适用争端当事方的缔约国国内法（包括其冲突规范）以及可适用的国际法规范，还可按照各方当事人的一致同意依据公平与善良原则裁判争端。《投资者—国家仲裁与国内法院相互关系研究》从多个维度探讨投资者—国家仲裁与国内法院的相互关系。基于投资者—国家仲裁作为争端解决机制，国内法院作为其中一个环节，作者从国内法院判决的既判力、国内法院作为争端客体、国内法院的支持与监督作用三个方面揭示二者的关系。而《从双边仲裁庭、双边投资法庭到多边投资法院：投资者与国家间争端解决的机制化选择（修订版）》指出，投资者与国家间争端解决机制（ISDS）改革是当前国际经济法律与政策的重要议题。尽管各国对 ISDS 改革的立场不同，但“多边投资法院”是一个具有开创性乃至颠覆性的改革选项。为此笔者从欧盟视角对多边投资法院及多边投资上诉机制（机构）的设立、机构及运作的各方面与程序进行了细致而周全的“顶层设计”和“全局考量”。

三、商事仲裁论文类研究文献基本内容

（一）仲裁员

有关仲裁员的文献涉及事项颇多。如关于多方仲裁的仲裁员选定问题，有论者以案说法，通过对国际上重要的 Dutco 案对多方仲裁选定仲裁员规则的影响，以及目前国际和我国常见的三种处理多方仲裁中仲裁员选定方法的介绍，并基于三种做法的各自优缺点的比较，从我国仲裁法下保障程序正当和仲裁裁决承认、执行的角度，对多方当事人订立涉及仲裁员选定的仲裁条款、仲裁机构制定相关规则等事项提出建议。[①] 也有论者从仲裁员和当事人法律关系的视角对仲裁员选任的困境及其成因进行了分析，指出仲裁员和当事人之

① 廖鸣:《多方仲裁的仲裁员选定问题》，载《北京仲裁》2020 年第 3 期，第 95—113 页。

间是一种兼具合同关系与身份关系的特殊仲裁服务法律关系，并在此基础上提出了仲裁员的选任路径，认为可以利用面试潜在仲裁员制度筛选合适的仲裁员，强化仲裁员信息披露制度，并妥当适用仲裁员回避制度。①

还有论者就仲裁员的任职制度②、披露与回避问题③、仲裁员职业属性和定位④等事项作了一般性探讨。

（二）仲裁协议

仲裁协议的论文涉及面较广，如关于仲裁协议的形式、⑤仲裁条款的援引、⑥仲裁协议准据法的确认、⑦仲裁协议效力的扩张、⑧PPP协议中仲裁条款的效力、⑨仲裁协议的解释规则、⑩租约仲裁条款并入提单、⑪非班轮运输模式下的

---

① 杜焕芳、李贤森：《仲裁员选任困境与解决路径——仲裁员与当事人法律关系的视角》，载《武大国际法评论》2020年第2期，第39—59页。

② 凌冰尧：《我国仲裁员任职制度的合理性分析与完善建议》，载《国际商务研究》2020年第6期，第86—93页；李明昕：《仲裁员制度之完善——以仲裁员的准入及管理为视角》，载《法制博览》2020年第23期，第85—86页。

③ 徐三桥：《仲裁员的披露与回避问题探讨》，载《商事仲裁与调解》2020年第3期，第16—32页；林建益：《仲裁员与仲裁代理人有其他关系的认定》，载《人民司法》2020年第2期，第69—73页。

④ 卢钰洁：《仲裁员法律职业属性与其定位问题研究》，载《中国法学教育研究》2020年第2期，第221—229页。

⑤ 常宏磊：《我国仲裁协议形式要件的完善》，载《法大研究生》2020年第1期，第433—445页；王梦露：《网上仲裁协议的形式效力研究》，载《西部学刊》2020年第24期，第107—109页。

⑥ 贺万忠：《论涉外商事交易中的仲裁条款援引问题——以〈仲裁法解释〉第十一条（仲裁条款的援引）规定为基点》，载《国际法学刊》2020年第4期，第130—158页。

⑦ 王静：《从司法实践看仲裁协议有效性准据法确定规则》，载《安徽理工大学学报（社会科学版）》2020年第4期，第7—13页；单晓慧：《国际商事仲裁协议效力准据法的新确定方法》，载《仲裁研究》2020年第2期，第48—58页。

⑧ 桂艳：《仲裁协议效力的扩张及其认定》，载《人民司法》2020年第5期，第70—74页；刘云梅、王冠：《浅析保险纠纷案件中仲裁条款对非协议相对方的有效性问题》，载《上海保险》2020年第8期，第52—55页；袁大川：《论仲裁协议与代位权行使的冲突：现实困境与化解路径》，载《文化学刊》2020年第12期，第141—144页。

⑨ 车丕照：《PPP协议中仲裁条款的效力问题》，载《商事仲裁与调解》2020年第1期，第93—102页。

⑩ 王芳：《商事仲裁协议的解释规则探究》，载《语言与法律研究》2020年第1期，第145—164页。

⑪ 崔亦鹏：《租约仲裁条款并入提单的相关问题研究》，载《法制与经济》2020年第3期，第144—145页。

仲裁协议，[①] 以及上市公司章程中仲裁条款的引入，[②] 等等。

其中关于仲裁协议的独立性，有论者认为，在主合同因欠缺当事人一方的最终有效签章而不成立的情况下，不应机械认定其中的仲裁条款亦不成立。仲裁协议成立与否，应从形式和实质标准两方面进行判断，进行实质判断时，应着重审查意思表示真实与合意表征清晰等内容。[③] 也有学者对仲裁协议的法律自治性进行了研究，并指出，该项规则忽略了仲裁地法对国际商事仲裁协议效力的支配，其未来要发展成为具有普遍意义的规则，存在较大不确定性。[④]

关于法院确认仲裁协议效力程序，有论者认为，鉴于非讼案件的本质、仲裁协议的公法契约属性，加之仲裁程序效率性要求和出于节约司法资源等方面的考虑，将申请法院确认仲裁协议效力案件定性为非讼案件更为适宜，因此不能对该程序进行“诉讼化改造”。但基于该类案件的特殊性，有必要在制度设计上给予当事人更多的程序保障。[⑤]

（三）可仲裁性问题

对可仲裁性问题的研究，主要集中于反垄断争议、核损害纠纷、[⑥] 医疗纠纷、[⑦] 股东派生争议[⑧] 和知识产权纠纷[⑨] 等事项。如对反垄断争议，有学者指出，反垄断争议一度被普遍认为无法通过仲裁解决，直到20世纪末期，欧盟通过

---

① 马得懿、周明园：《非班轮运输模式下仲裁协议立法的发展与创新——〈鹿特丹规则〉相关实证分析》，载《中国海洋大学学报（社会科学版）》2020年第5期，第67—75页。

② 赵轶君：《上市公司章程引入仲裁条款的美国实践与本土进路》，载《证券市场导报》2020年第7期，第30—37页，第50页。

③ 曹克睿、陆烨：《合同未成立时仲裁条款成立要件之司法审查》，载《人民司法》2020年第29期，第65—70页。

④ 傅攀峰：《国际商事仲裁协议的自治性：法国的视角》，载《仲裁研究》2020年第2期，第37—47页。

⑤ 张超：《“诉讼化改造”法院确认仲裁协议效力程序的“冷思考”——从实证分析的视角出发》，载《仲裁研究》2020年第2期，第59—68页。

⑥ 刘久：《我国核损害赔偿纠纷的可仲裁性研究》，载《法学杂志》2020年第6期，第69—79页。

⑦ 钟雄东、胡平：《医疗纠纷案件可仲裁的法理浅析》，载《法制博览》2020年第13期，第7—12页。

⑧ 郑海黎：《论股东派生争议的可仲裁性——基于31起以有效仲裁协议排除法院主管的典型案例分析》，载《研究生法学》2020年第5期，第107—120页。

⑨ 夏晗：《知识产权纠纷可仲裁性剖析与建议》，载《现代企业》2020年第2期，第77—78页；王梅生：《商标涉外纠纷可仲裁性分析》，载《法制与社会》2020年第30期，第191—192页。

司法裁决，明确了反垄断争议的可仲裁性，并通过赋予法院对仲裁裁决是否符合本国公共政策的审查义务，协调反垄断法与仲裁适用的法理冲突。但对于成员国法院如何审查仲裁裁决，欧盟未提供明确指导，各国基于实践发展出迥异的审查标准，近期欧盟的司法实践表明，该审查标准似乎有进一步变化的倾向。①

（四）仲裁管辖权

有论者对保理合同纠纷案件的仲裁管辖进行了研究，认为要根据不同情况确定适宜的管辖方式。②也有论者对信用保险融资纠纷案件中仲裁庭的管辖权问题进行了研究，当《保险合同》和《赔款转让协议》约定了不同的仲裁机构，而银行向《赔款转让协议》约定的仲裁机构申请仲裁时，仲裁庭可以中止仲裁，但出于仲裁效率考虑，在理论上可以探讨由该仲裁庭直接管辖，一并审理《保险合同》纠纷和《赔款转让协议》纠纷。③

还有学者对仲裁庭的自裁管辖权、④合同期届满仲裁管辖权问题⑤以及其他与仲裁管辖权相关的具体事项⑥作了研究。

（五）仲裁类型与形式

1. 仲裁类型：临时仲裁

最高人民法院2016年12月30日印发的《关于为自由贸易试验区建设提供司法保障的意见》在临时仲裁方面对我国现有仲裁制度进行了突破。

对于临时仲裁在仲裁法中的地位问题，有论者指出，其深层原因在于我国建立仲裁制度之初所面临的政治、经济和社会环境，拒绝临时仲裁体现出

---

① 邓志松：《反垄断争议的可仲裁性实务研究：欧盟与英国》，载《商事仲裁与调解》2020年第4期，第148—160页。

② 于群、张平：《民法典时代下保理合同纠纷的仲裁审理思路再探究》，载《商事仲裁与调解》2020年第3期，第139—146页。

③ 梁鹏：《信用保险融资纠纷的仲裁处理——出口信用保险项下贸易不真实的法律问题》，载《北京仲裁》2020年第3期，第130—148页。

④ 侯梦凡：《仲裁庭自裁管辖权立法论》，载《广东开放大学学报》2020年第1期，第47—54页。

⑤ 倪琳：《从一则案例探析合同期届满仲裁管辖权的问题》，载《对外经贸实务》2020年第7期，第73—76页。

⑥ 熊仲民：《关于仲裁管辖异议被驳回后是否重新给予举证期限等程序权利的思考》，载《法制与社会》2020年第22期，第86—87页。

我国法律制度对于商事仲裁性质的根本误解。我国应以《仲裁法》修订为契机，接受临时仲裁，并对相关法律进行全面梳理和调整。[①]有论者进一步指出，要变仲裁机构导向体系为仲裁庭导向体系；确定临时仲裁的管理机构，避免临时仲裁陷入僵局；明确司法对临时仲裁监督和审查的限度，保障临时仲裁裁决的有效执行。[②]

还有论者就临时仲裁的地位正当化、[③]临时仲裁的程序僵局问题做了探讨。[④]

2. 仲裁形式：网络仲裁

网络信息技术的飞速发展，特别是跨境电商行业的发展迫切需要一种新型的快捷的纠纷解决机制，网络仲裁应运而生。

关于互联网仲裁系统，有论者沿着法律人工智能领域对在线争议解决的研究提出仲裁系统的技术方向，对兼容线上线下仲裁系统功能建模，关键环节算法演示以及软件即服务架构设计，提出了一种替代性纠纷在线仲裁系统。该系统以正当程序，线上线下仲裁流程衔接及当事人权利最大化保障作为系统目标，应用了人工智能和区块链技术。通过在中国海事仲裁委员会（CMAC）试运行该系统，仲裁机构公信力提升，基于仲裁价值链的仲裁业务流程再造得到了体现。[⑤]

关于区块链在国际商事仲裁中的应用，有学者指出，区块链能在很多方面与国际商事仲裁实现良好地对接，将仲裁员从事实认定中解脱出来，提高仲裁效率，保证仲裁安全。但相关法律规则的缺失给数据安全、个人隐私保护带来风险，且区块链在仲裁中存在的法律适用问题，也给仲裁地、仲裁协议效力等传统国际商事仲裁法律制度带来了挑战。我国应对现有的国际商事仲裁制度进行改革，建立临时仲裁制度，同时制定符合“智慧监管”要求的

---

① 张铁铁：《我国法律制度对商事仲裁性质的误解——从临时仲裁谈起》，载《北方法学》2020年第4期，第98—110页。

② 陈磊：《优化营商环境背景下中国临时仲裁的制度设计——以〈仲裁法〉的修改为中心》，载《广东社会科学》2020年第5期，第235—243页。

③ 周旭：《论临时仲裁制度的地位正当化》，载《理论观察》2020年第8期，第114—116页。

④ 陈磊：《临时仲裁程序僵局及其机构介入》，载《新疆大学学报（哲学·人文社会科学版）》2020年第4期，第42—50页。

⑤ 周蔚、罗旭东：《一种替代性纠纷在线仲裁系统》，载《计算机科学》2020年第S1期，第583—590页。

区块链法律监管制度，促进运用的同时使其可防可控，实现区块链技术与国际商事仲裁制度的完美结合。[①]

还有论者就互联网仲裁在信用卡业务中的应用、[②] 跨境网上仲裁、[③] 网上仲裁中仲裁地确定、[④] 网上仲裁困境破解、[⑤] 疫情期间仲裁当事人不同意进行网上开庭的应对 [⑥] 等事项进行了广泛研究。

（六）仲裁程序的常规话题

1. 仲裁机构的管理权限

仲裁机构的治理仍为诸多专家所关注，研究主题颇广，诸如仲裁机构管理和仲裁庭独立裁决之间的关系、[⑦] 仲裁机构地域性困局成因与破解、[⑧] 仲裁机构的法人治理问题、[⑨] 仲裁秘书的地位和作用 [⑩]，以及商事仲裁机构内部监督体系的优化 [⑪] 等事项。

其中关于仲裁机构管理权问题，有学者指出仲裁机构管理权的过度扩张会引起仲裁程序中当事人意思自治边界的冲突，主要表现为仲裁规则规定与

---

① 傅煌安、李晓郛:《区块链在国际商事仲裁中的运用、困境与解决路径》，载《上海商学院学报》2020年第6期，第86—96页；陈晨:《AJLAW——仲裁与区块链的有效结合》，载《时代金融》2020年第36期，第120—121页，第127页。

② 肖旺:《浅析互联网仲裁在信用卡业务中的应用》，载《中国信用卡》2020年第8期，第74—78页。

③ 岳柯贝:《跨境网上仲裁之初探》，载《西部学刊》2020年第12期，第84—86页。

④ 汤媚林:《网上国际商事仲裁的仲裁地分析》，载《现代商贸工业》2020年第12期，第23—24页。

⑤ 马晟誉:《我国互联网仲裁发展之困境解决机制探究——以电子商务纠纷裁决执行为视角》，载《法制与社会》2020年第28期，第134—135页，第177页。

⑥ Mohamed S Abdel Wahab:《疫情方案——仲裁当事人不同意网上开庭的应对》，载《北京仲裁》2020年第2期，第131—135页。

⑦ 李虎:《试论仲裁机构管理和仲裁庭独立裁决的有机结合》，载《商事仲裁与调解》2020年第1期，第28—44页。

⑧ 梅傲:《仲裁机构地域性困局究因》，载《河北法学》2020年第9期，第125—140页。

⑨ 罗贤东:《商事仲裁机构的法人治理结构改革研究》，载《商事仲裁与调解》2020年第3期，第33—42页；屈茂辉、刘君之:《论仲裁机构外部治理法治化》，载《湘潭大学学报（哲学社会科学版）》2020年第5期，第17—23页。

⑩ 张忠:《关于仲裁秘书作用和地位的几点思考》，载《经济研究导刊》2020年第9期，第160—162页。

⑪ 尹文希:《浅谈商事仲裁机构内部监督体系的优化》，载《法制与经济》2020年第8期，第35—36页。

仲裁协议约定之间的不兼容。维护当事人利益离不开对其意思自治的尊重，仲裁机构管理权的扩张应当适度，并尊重当事人的意思自治。当事人选定的仲裁规则与当事人约定的仲裁协议均为意思自治的成果，两者在地位上是平等的，不存在优劣之分与高低之别。追求仲裁机构管理权与当事人意思自治之间的协调平衡，不能简单地将当事人意愿与仲裁规则进行粗暴的拼接结合，而应当通过在仲裁规则中构建“冲突指引”来提升当事人对于仲裁程序的合理预期，从而有效解决仲裁机构管理权扩张与当事人意思自治边界间的紧张冲突。①

2. 简易程序

有论者就此认为，完善我国简易仲裁程序可借鉴国际商事仲裁中快速程序的经验。在立法层面由《仲裁法》对简易程序作出原则性规定；在理念层面协调好仲裁机构管理权与当事人意思自治之间，仲裁程序简化与当事人程序权利保障之间的价值冲突；在制度层面以保障当事人程序选择权为出发点，完善仲裁简易程序的制度设计。②

3. 仲裁地

仲裁地在国际商事仲裁中具有重要的法律意义，其不仅确定仲裁协议准据法以及仲裁程序法的适用，而且还使仲裁地法院对仲裁行使相应的管辖权，包括司法协助和司法监督。依据 1958 年《纽约公约》的规定，仲裁地是确定仲裁裁决国籍的一个主要依据，对裁决承认与执行也将产生重大影响。有论者据此从颇受关注的新加坡高等法院和上诉法院审理的 BNA 诉 BNB and another 案入手，探讨仲裁地的确定、法律意义以及选定仲裁地时应当考量的因素。③

4. 强制性法律规范的适用

关于强制性规范在国际商事仲裁中的适用问题，有论者认为，考虑到国际商事仲裁的特殊性质和价值导向，仲裁庭应当区别适用不同类型的强制性

---

① 杜焕芳、李贤森：《国际商事仲裁当事人程序自治边界冲突与平衡》，载《法学评论》2020 年第 2 期，第 167—174 页。

② 柳正权、牛鹏：《论我国民商事仲裁简易程序之完善——以当事人程序选择权保障为视角》，载《商事仲裁与调解》2020 年第 3 期，第 76—87 页。

③ 覃华平：《国际商事仲裁中仲裁地的确定及其法律意义——从 BNA v.BNB and another 案谈起》，载《商事仲裁与调解》2020 年第 2 期，第 69—81 页。

规范，即有义务适用合同准据法中的强制性规范、仲裁地的强制性规范以及跨国公共政策，同时也可以考虑适用执行地的强制性规范与第三国的强制性规范。另外，并非所有的强制性规范都能够构成公共政策，只有在违反强制性规范所产生的后果严重损害一国的基本原则、根本利益时，才能援引公共政策撤销或拒绝承认与执行仲裁裁决。[①]

此外，还有论者探讨了CISG在国际商事仲裁中的适用问题、[②]仲裁程序的法律适用问题[③]、涉外航运纠纷仲裁案件中的法律适用[④]以及软法在国际商事仲裁中的适用问题[⑤]。

5. 仲裁送达

有论者指出，由于历史原因，我国仲裁中的送达与民事诉讼高度相似，呈现"诉讼化"的特点。但近年来，部分领先仲裁机构已经着力于采用更为灵活、高效、低成本的送达方式。然而，要从根本上扭转传统的司法观念仍任重道远。参照《联合国国际贸易法委员会国际商事仲裁示范法》（以下简称《示范法》）及相关国际标准，从立法、仲裁实践和仲裁司法审查三个维度建立起"去诉讼化"的仲裁送达体系，以实现正当程序和效率的平衡。[⑥]

还有论者指出，将仲裁文件有效送达当事人，对保障仲裁程序的正当性、当事人适当地陈述及申辩意见具有重要意义。如果仲裁送达违背仲裁规则或不符合当事人的约定，将导致裁决被法院撤销或不予执行。作为对直接送达与邮寄送达的补充，我国仲裁机构的仲裁规则引入了推定送达等替代方式。对于仲裁送达有效性的认定，存在发出主义、到达主义等不同观点，应在综合考虑仲裁程序效率和维护当事人权益之间寻求平衡，提升邮寄送达的实际

① 桑远棵：《国际商事仲裁中强制性规范的适用研究》，载《国际法研究》2020年第4期，第94—107页。

② 王景玉：《CISG在国际商事仲裁中的法律适用》，载《安徽警官职业学院学报》2020年第3期，第44—47页。

③ 赵庆祥：《国际商事仲裁程序的法律适用》，载《法制博览》2020年第32期，第135—136页。

④ 薛介年：《以某集装箱公司与泰国公司航运纠纷案为例探析涉外仲裁案件法律适用》，载《商事仲裁与调解》2020年第1期，第142—153页。

⑤ 杜梅俐：《论国际商事仲裁中"软法"的法律适用》，载《现代交际》2020年第2期，第45—47页。

⑥ 韩荣：《仲裁送达对民事诉讼送达的借鉴作用分析》，载《法制与社会》2020年第5期，第100—102页，第115页。

效果。[①]

6. 仲裁保全

法院的保全、执行程序能够有效保障商事仲裁当事人实现其合法权利。为此有论者指出，目前仲裁程序与法院的保全、执行工作仍然面临着诸多疑难问题亟待解决。当事人在仲裁程序中提出保全后，人民法院应对仲裁机构转来的保全材料进行规范化的对接和处理，以保证裁决做出后能够顺利地得到执行。此外，执行程序中对仲裁裁决的司法审查做出结论后，如不予执行、因案外人申请而不予执行或因认定为“先予仲裁”驳回执行申请后，仲裁裁决的强制执行力亦会受到挑战。[②]也有论者对《最高人民法院关于内地和香港特别行政区法院就仲裁程序相互协助保全的安排》、[③]商事仲裁期间被保全人死亡时保全申请的处理、[④]临时措施的发布，[⑤]以及紧急仲裁中的保全措施[⑥]进行了深入分析。

7. 调解

商事仲裁中的中国式调解机制在中国实践中获得了广泛成功，被国际社会誉为“东方经验”。而有论者则就国际商事仲裁调解中立人制度进行研究，指出中立人制度规则设计与仲裁基本价值中效率与公平的取向争论直接相关，仲裁机构若要扩大其在全球仲裁市场的版图，公正应是首要价值追求。以相同中立人制度为原则使得仲裁机构不仅受到英美法系国家用户的质疑，而且会使其裁决不被外国法院执行，反有损纠纷解决效率。我国仲裁机构亟待变

---

① 张建：《仲裁司法审查中邮寄送达合法性的认定标准探析》，载《商事仲裁与调解》2020年第4期，第60—70页。

② 詹晖、赵奇、刘长江、陈杭平、刘君博：《仲裁保全、裁决执行疑难问题研究》，载《北京仲裁》2020年第3期，第61—94页。

③ 梅傲、郑宇豪：《粤港澳大湾区营商环境的法治化探索——以〈仲裁保全安排〉为基点》，载《法治论坛》2020年第3期，第187—197页；苏翠珊：《香港仲裁裁决作出后至被执行前的财产保全问题》，载《东莞理工学院学报》2020年第4期，第73—79页，第99页。

④ 谢雅琴、颜杰：《商事仲裁期间被保全人死亡，保全申请该如何处理》，载《法制博览》2020年第23期，第143—144页。

⑤ 杨海琛：《国际商事仲裁中临时措施的发布问题研究》，载《长春师范大学学报》2020年第1期，第64—68页。

⑥ 赵芸：《探析紧急仲裁保全措施——美国紧急仲裁制度的本土化借鉴》，载《开封文化艺术职业学院学报》2020年第9期，第214—215页，第236页。

革固守的相同中立人制度，借鉴新加坡国际商事纠纷解决制度，以非相同中立人制度为原则规定，并从构建仲调流畅衔接机制新角度提高纠纷解决效率，保障程序公正。[①]

除上述程序性问题外，论者还对仲裁诉讼化、[②]紧急仲裁员决定的终局性[③]、仲裁第三人、[④]电子证据、[⑤]合并仲裁、[⑥]仲裁时效[⑦]等事项进行了研究。

（七）第三方资助

近年来，第三方资助在国际商事仲裁中扮演着越来越重要的角色。而论者们则从不同视角就第三方资助所涉诸事项展开研究，诸如第三方资助者与仲裁员的利益冲突问题、[⑧]披露问题、[⑨]管辖权问题、[⑩]国际投资仲裁中的第三方资助及其规制[⑪]等事项。

其中有关第三方资助情形下的国际仲裁费用分配问题，有论者指出，此问题主要涉及两个方面，一是受资助方胜诉时的费用补偿；二是受资助方败诉时的费用承担。受资助方能否请求败诉方补偿，主要取决于其是否对第三方出资

① 孙志煜、郑钧洋：《公正与效率：国际商事仲裁调解中立人制度的价值博弈及中国因应》，载《时代法学》2020年第6期，第89—95页。

② 廖祥平：《防止仲裁的诉讼化探析》，载《法制博览》2020年第32期，第125—126页。

③ 张宇沐：《紧急仲裁员决定的终局性分析》，载《法制博览》2020年第15期，第106—107页。

④ 范卫红、郑国涛：《金融仲裁第三人制度建立刍议》，载《电子科技大学学报（社会科学版）》2020年第4期，第19—26页。

⑤ 陈健、李贤：《商事仲裁电子证据的开示和认证》，载《商事仲裁与调解》2020年第4期，第45—59页。

⑥ 李婷：《合并仲裁制度的比较研究与中国进路》，载《北外法学》2020年第2期，第177—197页。

⑦ 李龙、向东春：《回归契约本位——对仲裁时效的体系化构建》，载《学术交流》2020年第6期，第59—74页，第191页。

⑧ 赵勇、方祖鹏：《国际商事仲裁中第三方资助者与仲裁员的利益冲突与防范》，载《西部学刊》2020年第12期，第87—90页。

⑨ 张洋：《"一带一路"背景下第三方资助国际仲裁之披露规则》，载《石河子大学学报（哲学社会科学版）》2020年第2期，第52—60页；沈伟、董炜堃：《国际仲裁第三方资助的披露制度研究——以香港和新加坡立法监管为切入》，载《商事调解与仲裁》2020年第2期，第117—137页。

⑩ 刘云江：《国际仲裁中第三方资助方管辖权问题分析及应对》，载《人民论坛·学术前沿》2020年第13期，第92—95页。

⑪ 刘敬东、李青原：《论第三方资助国际投资仲裁及其规制》，载《学术交流》2020年第12期，第68—78页，第187页。

者负有偿还费用的义务，而受资助方可获补偿的范围并不包括其需要给予出资者的回报部分。鉴于仲裁基于当事人合意的特性，仲裁庭通常无权直接针对第三方出资者发布不利费用令，只有在适用仲裁协议效力的扩张理论或追加出资者为当事人的例外情况下，仲裁庭才能直接要求第三方出资者承担败诉费用。①

而对于仲裁庭在作出费用担保决定时是否应该考量第三方资助因素的问题，有论者根据国内外相关文献数据、仲裁机构公布的案例资料，通过比较分析和案例分析方法，认为如果第三方资助对仲裁产生了实质性影响，仲裁庭在作出费用担保决定时应该将其作为一个独立因素加以考量，并应特别注意资助者以往资助诉讼或者仲裁的历史记录和资助者是否有足够的经济实力，分析资助者有无中断资助的可能性。②

（八）司法监督与审查

1. 仲裁协议效力

对于仲裁协议效力与仲裁管辖正当性司法审查之间的关系，有论者指出，仲裁管辖权源自当事人仲裁协议授权，针对仲裁管辖权的司法审查即体现在对仲裁协议效力的司法审查中。而确认仲裁协议效力属特别程序之一，关乎当事人争议解决方式的选择权利，各地区法院对于仲裁管辖正当性之审查判断所存在的分歧应逐步统一；另外，如何在个案中区分实体审查和形式审查之界限，合理适用自由裁量权以平衡鼓励仲裁适用和保护当事人真意之间的关系，难以通过立法固定，尚需在实践中探索具化。不能忽视对仲裁协议当事人真实意思表示的审查，更不能为扩张仲裁之适用而扭曲对仲裁协议效力的正当性审查；也不能为保护当事人真实意思表示，而忽略司法程序性审查之本质。③

也有论者基于对最高人民法院国际商事法庭司法审查仲裁条款效力的（2019）最高法民特1号第一案的研究，指出其审查思路凸显了我国法院在涉外仲裁协议的司法审查实践中未尽澄清的两个问题：其一是未区分仲裁协议的成立问题与效力问题，后者应选法调整；前者则应区分成立的事实判断与价

① 杜焕芳、徐传蕾：《第三方资助对国际仲裁费用分配的影响》，载《国际法学刊》2020年第3期，第97—112页，第158—159页。

② 肖永平、赵家睿：《论第三方资助仲裁对仲裁庭作出费用担保决定的影响》，载《商事仲裁与调解》2020年第2期，第108—116页。

③ 丁义平、王萍：《仲裁管辖正当性司法审查探析——基于确认仲裁协议效力之裁定》，载《仲裁研究》2020年第2期，第69—79页。

值判断，事实判断用证据解决，价值判断则需选法调整。其二是在按涉外合同方式认定涉外仲裁条款的效力时，关于涉外合同法律适用的分割论是否及如何适用于涉外仲裁条款有昧而不彰之处，核心问题是形式要件的法律适用，司法实践中存在未经反思的法院地法直接适用倾向。法院应主动审查涉外仲裁协议当事人的缔约能力，并将涉外仲裁条款形式要件并入实质要件，进而按照涉外合同法律适用的二分论配置其法律适用。①

2. 释明权

关于释明权与仲裁裁决撤销之间的关系，有论者指出，依我国司法实践，我国法院已经认可了仲裁庭是行使释明权的主体，也认可了仲裁庭能够行使释明权，具体包括与鉴定申请有关的释明、与证据有关的释明、对法律关系的释明及对主张的释明。法律实践中虽然有当事人盲目地将仲裁庭的释明或不释明视为不当行为，并以此申请撤销仲裁裁决，但并未得到法院的支持。同时由于仲裁立法与仲裁规则的缺位，释明权的行使可以参考相关法律的规定。②

3. 临时仲裁裁决

关于临时仲裁裁决的撤销问题，有论者指出，尽快建立符合中国国情的临时仲裁裁决撤销制度是推进我国仲裁制度改革完善与仲裁事业发展的大事，也是我国打造国际仲裁中心的基础性工作。未来我国临时仲裁裁决撤销制度应以保障当事人切身利益为基本价值取向，充分实现当事人权益救济、仲裁司法监督以及保障国家有效行使司法主权的功能。作为直观体现保障国家有效行使司法主权以及维护本国当事人利益的临时仲裁裁决撤销管辖权应以“仲裁地”为判断归属。对于临时仲裁裁决撤销制度的核心——撤销事由的选择应基于利益平衡进行本土化合理选择，当事人举证与法院主动查明的协同作用模式更为符合我国国情以及仲裁国际化的客观需求。而已为中国法院撤销的临时仲裁裁决，其他国家或地区不应再对此项裁决予以承认和执行。③

① 张春良、毛杰：《树欲静而风不止：CICC 司法审查仲裁协议第一案未尽问题之审思》，载《商事仲裁与调解》2020 年第 2 期，第 92—107 页。

② 曾艳、郭志勇：《论仲裁庭释明权的行使——基于驳回当事人撤销仲裁裁决申请之裁定的分析》，载《仲裁研究》2020 年第 2 期，第 121—132 页。

③ 苟应鹏：《我国临时仲裁裁决撤销制度的建构》，载《北京仲裁》2020 年第 3 期，第 160—178 页。

4. 缺员仲裁

对于缺员仲裁是否属于违反法定程序事由问题，有论者指出，缺员仲裁的法律效力问题一直是学术界与实务界争论的焦点。我国主要仲裁规则允许有条件的缺员仲裁，但我国仲裁法却以强制性规范的形式要求三人仲裁庭必须由三名仲裁员参与，实践中对此争议颇多。虽然2018年最高法关于仲裁裁决执行的司法解释通过当事人同意补正了违反法定程序仲裁裁决的效力，但该司法解释在缺员仲裁问题上至今仍未有实践。认定缺员仲裁法律效力的一般路径为判断缺员仲裁是否符合当事人仲裁协议、是否符合仲裁地法律、是否符合仲裁规则。故建议在将来修订仲裁法明确缺员仲裁的法律效力，允许有条件的缺员仲裁。①

5. 先予仲裁

对于先予仲裁裁决的可执行性问题，有论者指出，先予仲裁并非我国实证法上的概念或者制度，而是一些仲裁机构和网贷公司的个别实践，具有无纠纷仲裁、程序权利缺位和申请执行失范等特征。先予仲裁不符合《仲裁法》对于仲裁对象、仲裁程序等事项的规定，不符合金融监管的要求，不具备合法性、合理性与合规性，应当予以规制。②

6. 一裁终局原则

关于违背一裁终局原则的仲裁裁决的撤销或不予执行问题，有论者指出，一裁终局是仲裁的核心，当在后仲裁裁决立足的事实全部或部分与在先仲裁裁决立足的事实相同时，就可能涉嫌违背一裁终局原则，从而面临撤销或不予执行的司法审查。然而，不同法院通常援引程序违反、仲裁机构无权仲裁以及违反社会公共利益等作为撤裁的依据。针对相同的裁决现象援引不同的撤裁依据，既表明了司法审查实践的冲突，又揭示了这些撤裁依据彼此之间存在一定程度的重叠。在现行撤裁依据中新设“违背法定可仲裁性”的类型，是在保守与改革之间的改良方案，它既可以利用其内涵的包容度有效应对违背一裁终局的仲裁裁决，又可以

---

① 戚咪娜：《论当事人同意对缺员仲裁程序瑕疵的补正——兼论我国仲裁法的修改》，载《上海法学研究》集刊2020年第22卷，第51—57页。

② 刘少阳、戴宇鑫：《“先予仲裁”引发的仲裁问题与执行监督规制——最高人民法院〈关于仲裁机构“先予仲裁”裁决或者调解书立案、执行等法律适用问题的批复〉释评》，载《法律适用》2020年第1期，第38—49页。

明晰现行撤裁依据之间的意义边界，还可以避免对现行撤裁依据的设置框架造成过度冲击，体现了收放之间的中道衡平。这一推陈出新之举提升了现行撤裁依据体系的柔韧度，能更好满足仲裁实践中不当仲裁裁决救济之需求。①

此外，还有论者就仲裁裁决既判力视角下管理人对破产债权的认定问题、②另案生效判决与生效仲裁裁决的冲突的处理③以及同一事项冲突仲裁裁决的认定④等事项进行了研究。

7. 虚假仲裁与第三人撤销仲裁裁决制度

公信力是商事仲裁机构赖以生存和发展的根本，而虚假仲裁实质上是当事人恶意挑战商事仲裁秩序，严重损害案外人或当事人合法权益的行为。为此有论者指出，以生效裁判对案外人合法权益构成侵害为标准，法律意义上的虚假仲裁只存在于合同被撤销后仲裁当事人回复所有权、分割共有财产以及因虚假仲裁致使案外人无法另诉三种情形。对生效裁判作用方式的误读、既判力和执行力相对化理念的缺失、确认之诉诉讼标的的不当膨胀、对另行起诉制度的忽视、虚假法律行为无效及损害赔偿案件证明责任分配的不合理是虚假仲裁的根本法律成因，只有对上述问题作出实质回应，才能从根本上保护案外人的合法权益。⑤

此外，有论者就与之相关的案外人撤销之诉的立法表达、⑥案外人权利救济等一般性事项⑦进行深入研究。

---

① 张春良、毛杰：《论违背“一裁终局”原则的仲裁裁决之撤销》，载《西南政法大学学报》2020年第6期，第60—72页。

② 丁燕、孟燕：《仲裁裁决既判力视角下管理人对破产债权的认定》，载《河南财经政法大学学报》2020年第4期，第66—73页。

③ 李昙静、彭惠连：《另案生效判决与本案生效仲裁裁决冲突的处理》，载《人民司法》2020年第26期，第107—109页。

④ 兰楠：《同一事项冲突仲裁裁决的认定》，载《中国检察官》2020年第20期，第54—57页。

⑤ 牛正浩、刘允霞：《虚假仲裁规制与案外人权利保障》，载《法律适用》2020年第17期，第146—160页。

⑥ 毋爱斌、苟应鹏：《案外人撤销仲裁裁决、调解书之诉的立法表达——〈民事强制执行法草案（征求意见稿）〉第87条检讨》，载《中国社会科学院研究生院学报》2020年第5期，第58—69页。

⑦ 李柏正、张一土：《仲裁案外人的权利救济研究》，载《上海法学研究》集刊2020年第17卷，第70—78页；朴顺善、张哲浩：《第三人撤销仲裁裁决制度研究》，载《学术交流》2020年第6期，第75—88页。

8. 重新仲裁

重新仲裁是法院对商事仲裁进行司法干预的一种表现形式，具有赋予仲裁庭通过再次仲裁纠正错误的独特制度作用。但是我国现行法律规范对重新仲裁制度的规定仅具有框架性，在其启动流程和适用范围的规定上都存在不足之处。我国法院在适用重新仲裁制度时存在明显的司法不统一的情况。为此有论者指出，我国的重新仲裁制度尚有很大的完善空间，包括进一步明确重新仲裁的适用事由及启动程序，法院和仲裁机构之间可以为此建立非正式的沟通机制。①

9. 不予执行

仲裁裁决不予执行制度试图实现被申请人的权利救济和国家对仲裁更全面监督的双重目的。有论者指出，由于这一具有司法监督职能的制度被置于执行阶段，不予执行事由实质上成为一种被申请人针对执行请求的抗辩主张，从而与司法审查监督无关。且由于抗辩一旦成立即具有废除仲裁裁决执行力和既判力的双重后果，导致抗辩主张与实际效果的背离。现行制度的这一结构导致了审判权与执行权（执行裁决权）行使的混同。这一结构性缺陷的主要原因是人们在认识上误认为仲裁裁决当然具有执行力。但在仲裁和执行法理上，执行力专属于国家司法机关，仲裁作为民间裁决要具有可执行性，必须经过司法机关的审查确认。这一过程是审判权的运用，而非执行权的运用。有鉴于此，应当专门设置对仲裁裁决可执行性的审查程序，即由权利人向法院提出对仲裁裁决的确认申请，法院予以审查确认。法院的确认裁决与仲裁裁决共同成为执行根据。该程序是一种特殊的审理程序，兼具诉讼性和非讼性。该程序使国内仲裁裁决的执行与国外及我国港澳台地区仲裁裁决的执行保持了一致，也进一步实现了审执分离，使国家对仲裁执行的监督更为合理。②

10. 司法审查制度改革

仲裁裁决的司法审查，我国目前实行国内和涉外仲裁裁决双轨制审查标

① 边永民、王资文：《我国法院适用重新仲裁制度的实证研究》，载《商事仲裁与调解》2020年第4期，第96—111页。

② 张卫平：《现行仲裁执行司法监督制度结构的反思与调整——兼论仲裁裁决不予执行制度》，载《现代法学》2020年第1期，第116—131页。

准，引起不少论者关注和研究。[①] 其中有论者指出，内地仲裁机构裁决双轨制司法审查机制的弊端日益显现。为此建议将具有国际代表性的示范法裁决司法审查制度引入国内仲裁，对国内仲裁裁决证据司法审查机制进行制度检视。在实行内地仲裁机构裁决司法审查标准统一化过程中应注重风险防范；在修改仲裁法时应树立仲裁友好理念，适用仲裁标准进行裁决司法审查；以《示范法》为基础，构建统一的内地仲裁机构裁决司法审查标准；完善仲裁证据规则，为内地仲裁机构裁决司法审查标准统一化护航。[②]

（九）仲裁裁决的承认与执行

在国际仲裁中，法院与仲裁庭之间、不同仲裁庭之间以及不同国家法院之间需要彼此协调，以避免因裁判冲突造成混乱局面。关于不同国家法院之间的关系协调问题，各法域只有将审查焦点放在仲裁裁决本身而非他国法院关于仲裁裁决的裁定上，并基于自身标准予以裁断，才能更好地服务于司法协调与正义。[③]

关于已撤销国际商事仲裁裁决的执行问题，有论者认为，该问题是1958年《纽约公约》在适用过程中最具代表性的争议事项，缔约国在此问题上形成了纷繁多样的做法，对多边条约体系所要求的一致性、确定性、可预见性

---

① 韩红俊、杨蕾：《我国商事仲裁裁决司法审查程序研究》，载《商事仲裁与调解》2020年第3期，第60—75页；李玲玲：《仲裁司法审查中“违背公共利益”的滥用与规制》，载《学理论》2020年第6期，第75—77页；张纳：《仲裁司法审查案件的检察监督现状及建议》，载《中国检察官》2020年第23期，第40—43页；吴如巧、王睿：《试论我国仲裁裁决的司法审查及其规范》，载《探求》2020年第5期，第46—57页；杨金玲：《司法审查之仲裁裁决的撤销与执行刍议——以国籍为视角》，载《北京政法职业学院学报》2020年第3期，第57—63页；卢钊永：《仲裁条款与仲裁规则冲突问题探析——以来宝资源国际私人有限公司诉上海信泰国际贸易有限公司案为例》，载《法制与经济》2020年第3期，第7—8页。

② 包鸿举、傅伟芬：《内地仲裁机构裁决司法审查标准统一化研究——以46份撤销或不予执行裁定书为实证分析样本》，载《上海法学研究》集刊2020年第16卷，第15—22页。

③ ［法］伊曼纽尔·盖拉德：《协调抑或混乱：礼让、未决之诉与既判力等原则适用于国际仲裁吗？》，傅攀峰译，载《国际法研究》2020年第3期，第102—128页；黄旭：《国际商事争议解决中的禁止仲裁令制度研究》，载《北京仲裁》2020年第2期，第92—112页；张鸣：《〈海牙选择法院协议公约〉对国际商事仲裁的影响研究——以伦敦玛丽女王大学国际仲裁调查为研究基础》，载《仲裁研究》2020年第2期，第22—36页；王源泉：《涉华仲裁裁决在俄罗斯承认和执行的案例分析及思考》，载《商事仲裁与调解》2020年第4期，第132—147页。

构成严重减损。事实上，已撤销仲裁裁决的承认与执行问题的产生主要有两大原因：直接原因是《纽约公约》仅调整仲裁裁决的承认与执行事项，而仲裁裁决的撤销事项则留由缔约国根据其国内法进行裁断；根本原因是各缔约国的国际商事仲裁基于不同的理论基础。通过分析《纽约公约》的制定背景和内在目标，解决现有问题的根本立场是采纳相对属地主义理论，即在认可执行地对是否承认与执行已撤销仲裁裁决具有裁量权的基础上，进一步规范执行地的裁量权并设定相应的例外规定。[①] 还有论者主张，鉴于中国目前在已撤销国际商事仲裁裁决执行问题上的法律规定过于绝对，应出台相关司法解释改变过于绝对的司法态度，为已撤销国际商事仲裁裁决在中国的执行留有一定的空间。[②]

（十）“一带一路”与自贸区的仲裁问题

“一带一路”倡议实施和诸多地区自由贸易试验区相继设立，为商事仲裁理论研究的深入和实践的发展注入强劲动力。在学术层面，有论者探讨国际商事惯例在涉“一带一路”商事纠纷解决中的适用问题、[③] 税收仲裁机制的构建、[④] 友好仲裁问题、[⑤] 中俄商事仲裁合作问题、[⑥] 中国商事仲裁的本土化与国际化，[⑦] 以及

---

① 桑远棵：《超越属地主义：已撤销仲裁裁决的承认与执行》，载《武大国际法评论》2020年第4期，第75—93页。

② 许卉：《已撤销国际商事仲裁裁决在〈纽约公约〉框架下的执行问题》，载《大连海事大学学报（社会科学版）》2020年第5期，第58—66页。

③ 宋阳：《“一带一路”商事仲裁中国际商事惯例适用研究》，载《法商研究》2020年第37卷第2期，第183—196页。

④ 何志鹏、辛丹丹：《“一带一路”格局内的税收仲裁机制构建》，载《国际经济法学刊》2020年第3期，第84—96页；廖益新、冯小川：《强制性仲裁并非解决国际税收争议问题的灵丹妙药》，载《税务研究》2020年第2期，第59—65页。

⑤ 袁凯凯：《“一带一路”倡议背景下友好仲裁制度的适用研究》，载《法制博览》2020年第15期，第168—169页；杜泽卿：《国际商事友好仲裁制度的构建和发展——以自贸区仲裁规则为视角》，载《特区经济》2020年第2期，第93—95页。

⑥ 王祥修、王艺颖：《“一带一路”倡议下中俄商事仲裁机制的完善路径研究》，载《商事仲裁与调解》2020年第4期，第3—13页。

⑦ 冯子涵：《文化差异视角下中国商事仲裁的本土化与国际化研究——以〈仲裁法〉为例》，载《社会科学动态》2020年第9期，第84—91页。

自贸区仲裁机制的探索与创新[①]等事项。

其中临时仲裁成为关注热点，研究视角多样。诸如有论者以我国自贸区为切入点，分析临时仲裁制度在我国的发展和实践问题；[②]有探索临时仲裁协议的构成要件；[③]有从临时仲裁与机构仲裁关系之视角进行具体完善路径的探讨。[④]而就临时仲裁制度在我国面临的适用困境，有论者指出，临时仲裁制度与我国国内仲裁立法缺乏衔接导致其在我国面临适用困境。究其原因，我国现有仲裁制度自身的缺陷、仲裁机构的推动乏力以及大众信任组织的文化传统等制约了临时仲裁制度在我国的发展。我国自贸区对临时仲裁的需求和推动使得临时仲裁的适用实践成为可能，而实现临时仲裁制度与国内仲裁立法的有效衔接是临时仲裁制度得以贯彻的关键。[⑤]

① 魏伯楠:《中国—东盟自由贸易区仲裁争端解决机制探析》，载《党政干部学刊》2020年第8期，第31—34页；宋云博、俞简、马寅翀、吴丹娜:《自贸区仲裁机制的探索与创新——以重庆自贸区为例》，载《重庆电子工程职业学院学报》2020年第29卷第5期，第8—12页；吴祖豪:《海南自贸港国际商事仲裁中重新仲裁研究》，载《理论观察》2020年第9期，第94—98页；刘冰:《论“一带一路”闽商国际仲裁院的构建》，载《海峡法学》2020年第3期，第81—87页。

② 张颖:《临时仲裁制度在我国的发展与实践——以自由贸易区（港）为切入点》，载《上海法学研究》集刊2020年第22卷，第7页；夏佳凤:《论我国自由贸易试验区临时仲裁制度的构建》，载《经济研究导刊》2020年第1期，第192—194页；廖天天:《建设中国自由贸易港临时仲裁制度探析》，载《广西质量监督导报》2020年第3期，第65—66页；何林峰:《论临时仲裁在我国的构建——以“自贸区”为例》，载《牡丹江教育学院学报》2020年第12期，第108—111页；毋爱斌:《自贸区仲裁创新视野下临时仲裁协议构成要件初探》，载《中国司法》2020年第11期，第40—45页；陈磊:《自贸区临时仲裁的制度基础与完善路径——以临时仲裁与机构仲裁关系之优化为视角》，载《南京社会科学》2020年第8期，第88—94页；吴茜萌:《海南自由贸易港临时仲裁制度的构建》，载《海南热带海洋学院学报》2020年第6期，第68—75页；冯莉:《“一带一路”倡议背景下临时仲裁制度在福建自贸区的试构建》，载《厦门特区党校学报》2020年第1期，第63—68页。

③ 毋爱斌:《自贸区仲裁创新视野下临时仲裁协议构成要件初探》，载《中国司法》2020年第11期，第40—45页。

④ 陈磊:《自贸区临时仲裁的制度基础与完善路径——以临时仲裁与机构仲裁关系之优化为视角》，载《南京社会科学》2020年第8期，第88—94页。

⑤ 汤霞:《临时仲裁制度在我国自贸区适用的困境与纾解》，载《国际经济法学刊》2020年第4期，第49—58页；陈亚男:《论中国自贸区临时仲裁的困境与对策》，载《黑龙江政法管理干部学院学报》2020年第4期，第115—118页；李建忠:《临时仲裁的中国尝试：制度困境与现实路径——以中国自贸试验区为视角》，载《法治研究》2020年第2期，第31—43页；何林峰:《“一带一路”背景下我国临时仲裁制度的瓶颈与突破》，载《牡丹江教育学院学报》2020年第12期，第108—111页。

（十一）特殊领域的仲裁

特殊领域仲裁问题研究文献，所涉事项宽泛，包括破产仲裁、[①]金融仲裁、[②]海事仲裁、[③]知识产权仲裁、[④]建设工程仲裁，[⑤]以及其他行业[⑥]等领域。其中，投资仲裁研究独占鳌头，文献数量增幅显著；体育仲裁亦属研究热点。

1. 投资仲裁

对投资仲裁事项的研究是 2020 年度最吸睛的一大现象。其研究深度、广度和热度与历年研究工作相比实属鲜见。就研究范围而言，其所涉事项涵盖国际投资仲裁中“投资”概念的界定、[⑦]第三方资助披露问题、[⑧]东道国反请求规则的适用问题、[⑨]“不洁之手原则”的适用、[⑩]涉及人权问题投资纠纷的处理、[⑪]

---

① 万丰阁、周清华：《论海事跨境破产与国际商事仲裁的冲突及其协调》，载《世界海运》2020 年第 43 卷第 1 期，第 9—14 页。

② 常丽营：《试析以金融仲裁的方式解决金融纠纷》，载《法制与社会》2020 年第 11 期，第 68—70 页。

③ 司玉琢、初北平、李垒：《我国海事仲裁的发展目标、困境及对策》，载《商事仲裁与调解》2020 年第 1 期，第 81—92 页。

④ 顾华：《世界知识产权组织仲裁规则及其快速仲裁规则差异性研究》，载《周口师范学院学报》2020 年第 37 卷第 3 期，第 126—134 页。

⑤ 张忠：《关于建设工程仲裁案件审理的若干思考》，载《北京仲裁》2020 年第 2 期，第 113—130 页。

⑥ 胡锦华：《粤港澳大湾区环境仲裁制度探析》，载《现代企业》2020 年第 3 期，第 72—73 页；程大庆：《国际 LNG 买卖合同价格复议与仲裁》，载《当代石油石化》2020 年第 28 卷第 6 期，第 21—26 页。

⑦ 刘芳：《投资者—国家仲裁机制中“投资”概念的界定及中国的选择》，载《国际商务研究》2020 年第 41 卷第 1 期，第 63—72 页。

⑧ 范冰仪：《论国际投资仲裁中第三方资助披露问题》，载《国际商务研究》2020 年第 41 卷第 2 期，第 78—88 页；徐树、陈雪雯：《国际投资仲裁中第三方资助的披露规则研究》，载《国际法学刊》2020 年第 3 期，第 113—139 页，第 159—160 页。

⑨ 孙南申：《国际投资仲裁中东道国反请求规则适用问题》，载《上海对外经贸大学学报》2020 年第 27 卷第 1 期，第 59—73 页。

⑩ 吕宁宁：《论“不洁之手原则”适用的不确定性——以国际投资仲裁为视角》，载《国际法学刊》2020 年第 3 期，第 140—154 页，第 160 页。

⑪ 边永民：《国际投资仲裁机构对涉及人权问题的投资纠纷的审理》，载《政法论丛》2020 年第 2 期，第 25—36 页。

国际投资仲裁裁决的执行问题、[①] 国际投资仲裁机制的完善问题、[②] 腐败抗辩问题、[③]ICSID 仲裁临时措施约束力问题、[④] 程序滥用及规制、[⑤]“条约选购”问题、[⑥] 投资条约可仲裁事项条款的“风险二重性”问题、[⑦] 国际投资仲裁透明度规则、[⑧] 国际投资协定中的公平公正待遇、[⑨]《能源宪章条约》下可再生能源投资仲裁案及启示、[⑩] 新旧国际投资条约的过渡与衔接、[⑪] 国际投资仲裁对 TRIPS 协议灵活性的挑战及其应对 [⑫] 等问题。

---

① 张建:《国际商事法庭承认与执行国际投资仲裁裁决问题探析》，载《国际法学刊》2020 年第 1 期，第 122—141 页，第 157—158 页；周佳楷、张斌:《国际投资仲裁裁决在中国承认与执行依据及其适用》，载《沈阳师范大学学报（社会科学版）》2020 年第 44 卷第 1 期，第 74—82 页；孙南申、孙颖:《论国际投资仲裁裁决在〈纽约公约〉下的执行问题》，载《广西师范大学学报（哲学社会科学版）》2020 年第 56 卷第 1 期，第 55—64 页。

② 杨常雨、江岚:《中国投资仲裁规则国际化创新的法律障碍》，载《西南石油大学学报（社会科学版）》2020 年第 22 卷第 3 期，第 92—101 页。

③ 银洪武:《论涉腐国际投资仲裁中 ICSID 与内国反腐执法机关间协作机制的构建》，载《国际经济法学刊》2020 年第 4 期，第 102—114 页；王宇石:《论国际投资仲裁中的腐败抗辩及其处理》，载《湘潭大学学报（哲学社会科学版）》2020 年第 44 卷第 2 期，第 98—104 页。

④ 张春良、周大山:《论 ICSID 仲裁临时措施的约束力理据与中国启示》，载《中国政法大学学报》2020 年第 4 期，第 55—66 页，第 207 页。

⑤ 银红武:《论国际投资仲裁“程序滥用”及其规制》，载《西北大学学报（哲学社会科学版）》2020 年第 50 卷第 2 期，第 69—81 页。

⑥ 宋铮铮:《国际投资仲裁中的“条约选购”法律问题研究》，载《上海法学研究》集刊 2020 年第 22 卷，第 9 页；张晓通:《国际投资仲裁中条约挑选合法性的实证研究》，载《上海法学研究》集刊 2020 年第 22 卷，第 8 页。

⑦ 欧继伟:《投资条约可仲裁事项条款的“风险二重性”与管控对策》，载《上海法学研究》集刊 2020 年第 22 卷，第 12 页。

⑧ 杨沁瑜:《浅析国际投资仲裁透明度规则》，载《河北企业》2020 年第 3 期，第 155—156 页。

⑨ 林燕萍、朱玥:《论国际投资协定中的公平公正待遇——以国际投资仲裁实践为视角》，载《上海对外经贸大学学报》2020 年第 27 卷第 3 期，第 72—89 页。

⑩ 刘志一:《〈能源宪章条约〉下可再生能源投资仲裁案及启示——以西班牙投资仲裁案为主线的考察》，载《国际商务研究》2020 年第 41 卷第 1 期，第 96—108 页。

⑪ 朱文龙:《新旧国际投资条约的过渡与衔接——以“中国平安诉比利时王国投资仲裁案”为例》，载《黑龙江省政法管理干部学院学报》2020 年第 1 期，第 109—112 页。

⑫ 黄凤达:《国际投资仲裁对 TRIPS 协议灵活性的挑战及其应对》，载《西部学刊》2020 年第 23 期，第 73—76 页。

其中，对于国际投资仲裁中的管辖权问题，尤其是投资者股权转让对投资仲裁管辖的影响，有论者指出，国际投资中投资者往往通过转让股权以求更充分地保护其投资利益，但股权转让会对国际投资仲裁管辖构成要件产生影响。国际投资仲裁中因请求依据的不同可分为条约请求和合同请求，两者管辖构成的要件也会有所区别。条约请求权下，股权转让主要对属人管辖要件产生影响。合同请求权下，股权转让后对仲裁合意效力的影响成为确认管辖权的关键。对于因股权转让而导致投资合同中争议解决条款的效力瑕疵，保护伞条款的存在可使合同之诉转化为条约之诉从而扩大投资仲裁管辖权。这虽然给投资者提供更多保护，但也加重了东道国承担的义务，有违国际投资仲裁制度中的公平或平衡原则，需要加以解决与完善。[①]

关于国际投资仲裁证据特免权问题，有论者指出，国际投资仲裁中的证据特免权起源于英美法系的证据特免权理论，并借鉴相关的国内法规则和国际仲裁规则得以建立。律师—当事人特免权存在诉讼特免权和法律意见特免权两种形态。仲裁庭处理证据特免权的实践路径倾向于冲突规范的解决路径，以最密切联系原则为原则，辅以最惠国待遇原则。对于特免权规范的选择往往以遵循双方意愿为前提，并考虑争议双方的合理期待。鉴于“一带一路”沿线国家和地区的复杂法律环境，中方企业在投资争端解决中应积极利用证据特免权保障自身程序利益，审慎衡量拒绝证据开示的实质性后果，并恰当应对对方当事人的证据特免权主张。[②]

对于国际投资中的充分赔偿标准，有论者指出，投资者在国际投资仲裁中寻求较高额损害赔偿金时，往往会援引霍茹夫工厂案的充分赔偿标准来支持其主张。但这一标准并不一定支持更高额索赔。首先，霍茹夫工厂案的充分赔偿标准适用于违法行为的赔偿问题。其次，国际投资条约并未明确违反征收补偿要件是否导致征收行为本身违法、征收补偿标准是否可以适用于违法行为的赔偿计算等问题。最后，要更加合理地适用充分赔偿标准，应注意三点：一是必须确定行为的违法性才可适用；二是要根据违法行为的严重性而

---

① 孙颖：《论投资者股权转让对投资仲裁管辖的影响》，载《上海对外经贸大学》2020年第27卷第2期，第76—87页。

② 汪星岑、杜焕芳：《国际投资仲裁证据特免权的实践与规制》，载《国际法研究》2020年第2期，第104—116页。

具体适用该标准以示公平合理；三是充分赔偿也意味着赔偿计算应遵循一些限制因素。[①]

对于东道国疫情管控措施可能引发投资仲裁索赔问题，有论者指出，投资仲裁机制特有的机制安排和运行特征，可能助长投资者滥诉倾向。通过国际合作化解疫情相关措施可能引发的投资仲裁危机，进而防止投资仲裁滥诉的倡议，具有一定的合理性，但也存在局限性和实际操作中的困难。国际社会应以此为契机，探索平衡公私权益的长效机制。各国应尽可能确保疫情防控相关措施的合法性，并完善投资条约中的例外条款设置。[②]

先例援引造法问题，有论者指出，仲裁庭在援引先例解释投资条约时会对抽象条款作具体化阐述，使之成为可适用的国际法，这个过程也是一个事实上的造法过程。但仲裁庭属临时组建且相互之间不具有层级关系等因素，这会使援引先例造法出现诸如不一致性、违背缔约国真实意图、不准确性等一系列问题。有论者建议，为解决这些问题，需要仲裁庭相互之间以及仲裁庭与缔约国之间的对话与协调，更需要仲裁庭追求法治原则引领下的某些价值目标，克服裁决不一致的弊端以追求可预见性，减少或避免错误裁决以追求准确性，并尊重缔约国原始缔约意图和东道国主权政策空间以追求合法性。[③]

关于国际投资仲裁裁决的司法审查问题，有论者通过对加拿大相关司法实践的研究，指出加拿大法院在坚持遵循有限审查的基础上，存在审查标准和法院裁量权行使的不一致现象，这体现了投资仲裁的“非商事化”趋向。我国应设立对投资仲裁裁决的司法审查机制，指定专门法官组成法庭承担此项工作。[④]

---

① 陈丹艳:《霍茹夫工厂案充分赔偿标准在国际投资仲裁中的适用与限制》，载《武大国际法评论》2020年第4卷第1期，第140—157页。

② 漆彤:《新冠疫情下的国际投资仲裁危机及应对》，载《武大国际法评论》2020年第4卷第3期，第119—141页。

③ 刘笋:《论国际投资仲裁中的先例援引造法》，载《政法论坛》2020年第5期，第64—78页；沈奕灵:《论国际投资仲裁中先例制度的构建》，载《南昌大学学报（人文社会科学版）》2020年第51卷第1期，第62—70页。

④ 肖军:《仲裁地法院对国际投资仲裁裁决的司法审查——以加拿大司法实践为例》，载《武大国际法评论》2020年第4期，第94—108页。

2. 体育仲裁

体育仲裁研究涉及事项颇广，诸如体育仲裁的“裁决修正”、① 奥运会临时仲裁中程序性权利保障机制、② 运动员知情权的制度保障、③ 国际体育仲裁院对体育组织规则与决定的审查、④ 国际体育仲裁院上诉仲裁程序中的和解结案、⑤ 国际体育仲裁院反兴奋剂处仲裁规则 ⑥ 等事项。

其中，对于体育仲裁管辖权问题，有论者指出，国际体育仲裁中的普通仲裁管辖权来源于当事人间平等协商自愿达成的仲裁协议。瑞士联邦最高法院针对仲裁协议是否合法有效的审查，适用较为宽松的标准。从协议的形式来看，法院接受推定的默示协议；从协议的实质来看，对于内容不明晰、不完整，甚至相互矛盾的仲裁协议，法院并不当然地判断其无效，而是根据具体案件适当地加以解释或补充。具体而言，就体育仲裁协议是否存在，以及如何解释仲裁协议这两个问题，瑞士联邦最高法院采用了不同的标准。针对有瑕疵的仲裁条款，只要其有排除法院司法管辖、提交仲裁裁决的意思表示，法院就会认定其效力；但是，对有效仲裁协议的拘束力方面，法院会进行严格和审慎的审查。⑦

对于在CAS兴奋剂仲裁中证明方法自由原则的适用问题，有论者指出，证明方法自由原则是“法无禁止即自由原则”在CAS兴奋剂仲裁证明活动中的具体化。由于CAS兴奋剂仲裁庭没有类似国内法中的强制性证据规则据以遵循，因此当事人可以在不违背CAS所在国瑞士强行法的前提下自由使用任

① 熊瑛子：《瑞士法框架下体育仲裁“裁决修正”探讨》，载《武汉体育学院学报》2020年第54卷第6期，第39—45页。

② 朱霖、胡军：《奥运会临时仲裁中程序性权利保障机制的优化》，载《乐山师范学院学报》2020年第35卷第5期，第106—113页。

③ 汪习根、朱霖：《奥运会临时仲裁中运动员知情权的制度保障研究》，载《西安体育学院学报》2020年第5期，第538—544页。

④ 李睿智、郭树理：《国际体育仲裁院对体育组织规则与决定的审查——以平昌冬奥会俄罗斯运动员参赛资格纠纷为例》，载《成都体育学院学报》2020年第46卷第2期，第49—56页。

⑤ 梁晓莹：《国际体育仲裁院上诉仲裁程序中的和解结案——兴奋剂案件和解结案的基础与改革方向》，载《体育成人教育学刊》2020年第36卷第1期，第85—94页。

⑥ 郭树理：《国际体育仲裁院反兴奋剂处仲裁规则》，载《仲裁研究》2020年第2期，第87—98页。

⑦ 熊瑛子：《体育领域瑕疵仲裁协议审查原则之探讨——以瑞士联邦最高法院的实践为视角》，载《北京体育大学学报》2020年第1期，第70—77页。

何证明方法。证明方法自由原则保障了当事人使用合理证据方法维护自身权益。但由于其基础理论是“法无禁止即自由原则”，因此证据规则对这一原则适用的束缚构成例外情况，而适用与例外构成了证明方法自由原则的两面观。但例外情况还存在需要进一步完善之处。[①]

（十二）仲裁制度的发展与改革

“一带一路”倡议的开展和实质性推动，使我国仲裁业进入创新发展新时期。

1. 多元化纠纷解决机制

近年来，国际上兴起建立国际商事法庭的潮流。对于国际商事法庭与国际商事仲裁之间的关系，有论者指出，根据《2018年国际仲裁调查》，国际商事仲裁的优势主要包括裁决的可执行性、避开特定法律制度或国内法院、灵活性、当事人可选择仲裁员。这四项优势无法完全被国际商事法庭取代。对伦敦商事法庭、伦敦国际仲裁院、新加坡国际商业法庭，以及新加坡国际仲裁中心的年受案量等数据进行的实证分析证明，伦敦商事法庭和新加坡国际商业法庭的设立并未对伦敦国际仲裁院和新加坡国际仲裁中心产生消极影响。国际商事法庭与国际商事仲裁之间是相辅相成、合作互补的关系，国际商事法庭对国际商事仲裁的影响是积极的。[②] 此外，有论者还就国际商事法庭诉讼与仲裁、调解之间并行发展进行研究。[③]

2. 我国仲裁业发展与改革

对于“一带一路”倡议对亚洲国际商事仲裁发展的影响，有论者指出，公共政策，作为国际仲裁中的争议性概念，一直以来缺乏统一的内涵与实践，而“一带一路”的发展，为亚洲沿线国家间实现国际商事仲裁以及公共政策的融合提供了绝佳机遇。“仲裁地”与“去本地化”的理论学说、欧盟及非洲商法协调组织的实务经验，也进一步为公共政策的融合指明可行进路线。推

---

① 罗小霜：《证明方法自由原则在CAS兴奋剂仲裁中的适用及例外》，载《证据科学》2020年第28卷第2期，第146—158页。

② 苏伟康：《国际商事法庭与国际仲裁的关系定位——以新加坡国际商事法庭为借镜》，载《上海法学研究》集刊2020年第22卷，第10页。

③ 冯汉桥、沈旦：《国际商事法庭诉讼与仲裁、调解衔接机制的完善》，载《怀化学院学报》2020年第39卷第2期，第72—79页；曾义：《探析调解制度在民商事诉讼与商事仲裁中的适用问题》，载《法制博览》2020年第30期，第58—59页；毛蕨文：《完善制度 铸就公信——推动新时代涉外仲裁与调解事业高质量发展》，载《商事仲裁与调解》2020年第1期，第3—12页。

行亚洲国际商事仲裁的融合，有利于中国政府在强调经济影响力的同时，展现其国际法律规则制定的软实力。①

对于境外仲裁机构在内地开展仲裁业务问题，有论者指出，允许境外仲裁机构在内地开展仲裁业务，是推动由商品和要素流动型开放向规则等制度型开放转变的应然选择。近年来允许境外仲裁机构内地仲裁的政策愈发清晰，但推进改革同样需要立法、行政与司法等方面的制度支持。通过正确理解国际公约并解释现行法，能够化解当前仲裁司法审查的障碍。妥善处理行政与市场的关系，可以提高中国仲裁的公信力。加强《仲裁法》修订的现实呼应，也能从理念、制度与要素方面促进《仲裁法》修订的科学化。②

关于涉外仲裁人才队伍的建设问题，有论者指出，国际化、复合型的专业仲裁从业人员队伍可有效提升仲裁服务质量，提高仲裁机构公信力，是打造国际商事仲裁目的地不可或缺的智力支撑。当前仲裁人才队伍建设受培养渠道不系统、体制机制不健全、法治环境不完善等因素制约，应从短期、中期、长期三个维度加强人才建设，以完善的仲裁制度环境吸引人才。③

此外，专家学者还就中外合作办学协议争端解决机制的构建问题、④建立具有中国特色的国际商事仲裁体系、⑤中国商事仲裁机构管理机制改革、仲裁员开放名册制实施路径、新形势下涉外商事仲裁机制的研究、⑥建设丝绸之路经济带核心区区域性仲裁中心⑦等宏观微观事项进行了探讨。

---

① 顾维遐、唐艺：《中国的“一带一路”发展和亚洲的国际商事仲裁融合》，载《国际法研究》2020年第3期，第5—7页。

② 刘晓红、冯硕：《制度型开放背景下境外仲裁机构内地仲裁的改革因应》，载《法学评论》2020年第38卷第3期，第125—138页。

③ 高燕：《打造国际商事仲裁目的地　加强涉外法律人才队伍建设》，载《国际法研究》2020年第3期，第5—7页。

④ 李沐子：《中外合作办学协议争端解决机制的合理化构建——以仲裁为中心展开》，载《西南政法大学学报》2020年第6期，第45—59页。

⑤ 罗彪：《建立具有中国特色的国际商事仲裁体系刍议》，载《中国商论》2020年第2期，第85—87页。

⑥ 段宗妍：《新形势下涉外商事仲裁机制的研究》，载《山东农业工程学院学报》2020年第8期，第127—131页。

⑦ 吴晓燕：《建设丝绸之路经济带核心区区域性仲裁中心的思考》，载《新疆社科论坛》2020年第4期，第74—79页。

（十三）域外立法

2016年正式实施的韩国新《仲裁法》全面采纳了《示范法》的内容和体例，已形成支持国际仲裁的友好型司法氛围。韩国已经成为执行《纽约公约》的典范国家，强调国际化和程序便捷化，提高了国际商事仲裁裁决的执行效力。基于商事保留和互惠保留原则，韩国将适用《纽约公约》的外国仲裁裁决和不适用《纽约公约》的外国仲裁裁决分别作出规定，对适用《纽约公约》的外国仲裁裁决作出承认、执行“决定”制度的规定，对非《纽约公约》缔约国的仲裁裁决依旧保持旧《仲裁法》中的承认、执行“判决”制度。中、韩两国作为《纽约公约》的缔约国，对涉及两国发生的仲裁裁决可以适用《纽约公约》的规定。[①]

缅甸2016年通过新《仲裁法》，并于2019年成立了缅甸仲裁中心，以使《纽约公约》在缅甸生效。该法以《示范法》为基础，详细规定了仲裁的定义和分类与当事人的异议权、仲裁协议的形式、仲裁条款的独立性与排他性、仲裁员的委任和异议与替换、仲裁庭的自裁管辖权和采取临时措施的权力、仲裁程序的组织和进行与终止、仲裁裁决的作出和撤销及承认与执行等内容。缅甸商事仲裁制度基本与国际社会接轨，充分尊重当事人意思自治，但是法院在仲裁裁决中的权力过大，对仲裁员的具体资质、仲裁中的第三人和紧急仲裁员制度等问题缺乏规定。[②]

随着非洲逐步融入全球经济，以及它在国际争端纠纷解决方面的经验日益丰富，非洲投资仲裁正面临转型。截至2017年5月，国际投资争端解决中心（ICSID）登记了135起涉及非洲国家的案件。其中21%的纠纷是由非洲国家内部双边投资条约（BITs）引起的。非洲商法协调组织（OHADA）通过了新的《仲裁统一法》，使本地的仲裁机构能够在投资案件数量不断增加的情况之下，尽可能有效地把握住投资仲裁的发展，以迎合这一趋势。[③]

2020年5月4日，我国澳门新《仲裁法》生效。这部立法结束了澳门此

---

① 尹文希：《论外国仲裁裁决在韩国的承认与执行》，载《商业经济》2020年第2期，第72—73页，第158页。

② 欧福永、胡杨：《缅甸商事仲裁制度述评》，载《商事仲裁与调解》2020年第3期，第114—129页。

③ Benoit Le Bars：《非洲投资仲裁的演变》，艾昕语译，载《北京仲裁》2020年第2期，第141—154页。

前内外双轨并行的仲裁制度，统一了适用于以澳门作为仲裁地之仲裁程序的法律框架。澳门新《仲裁法》贯彻对接国际标准，以全方位支持仲裁的立场，扩大了仲裁庭权力，完善了临时措施制度，优化了仲裁程序规则，减少了法院干预。但在培育仲裁机构分担法院协助职能、完善仲裁程序与法院程序的衔接方面仍有改进空间。①

四、2020年商事仲裁中文类研究文献整体评价

2020年商事仲裁中文类研究文献呈现出几大特点：

第一，就仲裁文献的数量而言，2020年商事仲裁中文研究文献数量可观，尤其著作类研究文献和特殊领域仲裁研究文献数量增幅显著，而仲裁程序和审查监督方面文献亦有较大增幅。

第二，就仲裁文献的质量而言，2020年论文类商事仲裁中文研究文献来源于核心期刊和专业期刊的比例有所增加，但占总体数量的比例仍然偏低，还存在一定的提升空间。而著作类研究文献中则有诸多高质量的创新成果。

第三，就研究主题的焦点而言，2020年商事仲裁论文类中文研究文献所涉事项与以往基本相同，但关注热点有所变化：主要集中于投资仲裁、仲裁程序和司法监督与审查。

第四，就研究内容的前沿性而言，虽然以传统仲裁理论或制度或问题为研究对象的文献仍占相当比例，但2020年商事仲裁论文类中文研究文献清晰显示研究者强烈的问题意识，聚焦于国内外仲裁实践中涌现的新法律现象及立法最新动态，研究前沿域外仲裁理论与相关实践案例，结合我国制度现状献言献策。

仲裁作为多元化争议解决方式的重要组成部分，事关国家治理体系和治理能力。而其生命和灵魂在于公信力。但仲裁公信力的建设是一项系统性工程，需要以科学且理性的研究成果为支撑。2020年商事仲裁研究文献当然丰盛，但来年必然更精彩。

---

① 包尹歆：《澳门仲裁法律制度的革新与展望——评澳门新〈仲裁法〉》，载《商事仲裁与调解》2020年第4期，第71—82页。

2020年关于中国仲裁的英文文献评述

张 舒*

- **摘要**

本文是对2020年发表的关于中国仲裁的英文文献综述，共包括28篇期刊和书籍章节等文献。笔者将上述文献归为以下主题：我国仲裁实践总览、外国机构仲裁和临时仲裁在我国的发展、仲裁中的程序问题、仲裁中的适用法问题、港澳地区仲裁新发展、仲裁协议和仲裁裁决的司法审查、“一带一路”相关仲裁问题以及专项仲裁等。通过对上述文献的归纳和述评，作者试图展现国际仲裁理论与实务讨论中所关注的我国仲裁的热点问题和新动向，并希望本文能让中文读者从国内外作者在国际平台上对中国仲裁的研究中的不同角度来理解我国仲裁发展。

- **关键词**

中国仲裁　临时仲裁　适用法　司法审查　一带一路

Abstract: This article reviews 28 publications published in English before the end of 2020, including journal articles and book chapters, with a focus on China's arbitration practice. The author divides the publications into the following categories: the general

* 张舒，澳大利亚迪肯大学讲师。

review on the arbitration practice in China, the development of ad hoc arbitration and arbitration administrated by foreign institutions in China, the procedural issues in the arbitration, the applicable law in the arbitration, the developments of arbitration practice in Hong Kong and Macau, the judicial review on arbitration agreements and arbitral awards, arbitration in the context of the 'Belt and Road' Initiative, and the developments of specific types of arbitration. By providing the summaries and commentaries on these publications, the author aims to illustrate the popular topics and the new trends in the theoretical and practical discussions in the context of international arbitration in relation to the developments of China's arbitration practice, and provide the opportunity for the Chinese readers to understand Chinese arbitration from new perspectives provided by research on Chinese arbitration in a global context.

Key Words: Chinese arbitration, ad hoc arbitration, applicable law, judicial review, Belt and Road Initiative

本文是对发表于2020年的关于中国仲裁的英文论文的文献综述，共纳入期刊文献和学术书籍章节共计28篇。本文对文献中的重要信息和观点予以概括并简要点评，希望能够为理论与实务界人士提供一定的参考。笔者的能力水平有限，如存在文献收集和梳理方面的疏漏，敬请读者批评指正。

一、我国仲裁实践总览

对于我国仲裁体系发展的系统性研究仍是学界和实务界所关注的重点。从这一问题出发，不同的作者采取不同的研究方法、研究角度，对我国的仲裁发展进行了梳理和阐释。例如，Weixia Gu撰文对亚洲太平洋地区各法域的国际商事仲裁发展进行了比较研究。[①] 作者提出的模型设想，一个法域转型为仲

① Weixia Gu, Reflections on the Key Ingredients for Successful Reform of International Commercial Arbitration in the Asia Pacific, in Lei Chen and André Janssen (eds.), Dispute Resolution in China, Europe and World (2020, Springer), 131-152.

裁友好或“争议解决之港”需要经历以下六步：加入《纽约公约》；接受联合国贸易法委员会（UNCITRAL）《示范法》或接受其主要特质；设立仲裁机构以处理国际仲裁、国内仲裁，并保持仲裁规则适应当下的最新发展；培养一批熟悉仲裁实践的法官，遵循《纽约公约》《示范法》下的国际最优实践执行仲裁协议，不对仲裁进行过度干预，以及执行仲裁裁决；积极参与增强业务能力的研讨会等活动，使仲裁行业的相关方熟悉并支持仲裁；最后，不时修订相关立法和仲裁规则，使该法域在争议解决领域保有竞争力。作者随后对各法域的表现进行了逐一分析。

通过分析，作者将仲裁行业改革的路径总结为四阶段：初级阶段为，《示范法》的主要条款被采纳和执行，司法界对仲裁仍然有积极干预倾向，仲裁机构初设，案件数量规模较小，以及仲裁业务能力培养活动刚刚起步。第二阶段为，司法界对于仲裁程序的干预更为克制，仲裁机构及其受案量规模稳步增长，举办更多业务能力培养活动，仲裁规则得到发展。第三阶段为，国内仲裁和国际仲裁的规制框架趋于一致，《示范法》的最新版本得到立法层面的认可；司法系统在仲裁相关的司法审查方面，在区域内赢得一定的口碑；本地仲裁机构间的竞争更为激烈，案源增多；仲裁相关的活动增多，并面向其他法域开放。最高阶段为，该法域能够应市场需求采纳并规制更加复杂的支持仲裁的机制，例如紧急仲裁员制度、第三方资助等，使得该法域的仲裁实践更具吸引力；法域间竞争增加，司法界对仲裁友好，仲裁相关活动向仲裁较为不发达的地区开放。

通过对不同法域的仲裁发展的梳理，作者认为，《纽约公约》为仲裁业发展的根基，对仲裁行业友好、熟悉《纽约公约》和《示范法》下最佳实践的司法体系是仲裁业发展的保障，对国内仲裁和国际仲裁实践熟悉的仲裁员、律师、商业界和学术界是必要条件，这三个因素是仲裁业得到充分发展的核心要件。其他非核心但也十分有利于仲裁发展的因素还包括，该法域的商业繁荣需达到一定程度，以提供支持相关仲裁基础设施建设的成本；《示范法》的核心原则最好能够在立法层面得到承认；建立处于行业领导地位的仲裁机构，该机构应当十分活跃、具有创新精神；提高该国家的整体法治水平等。与之相对地，宗教信仰、联邦制或单一制、文化和种族多元化、政治体制的影响并不显著，但政治体制因素可能会限制一些法域对《纽约公约》的适用。最后，各国的文化倾向对仲裁的发展有所影响，如澳大利亚等国追求仲裁的诉讼化，而日本则有避免争讼和信赖本国司法体系的倾向。作者对各法域仲裁发展的考察为各法域之间相互借鉴经验、促进仲裁的进一步发展提供了参考。

Qingxiu Bu 撰文从文化敏感性角度对我国的国际仲裁实践进行了分析。[①]作者认为，文化背景对于仲裁在不同法域的发展和当事人对于仲裁的预期都有深刻影响。以儒家文化为基础的我国传统法律文化使得当事人更倾向于私密的、非对抗性的争议解决方式，而西方文化影响下的当事人则更偏好对抗性的争议解决方式。因此，即便是依赖相同或类似的法律框架，如以《纽约公约》和联合国贸易法委员会《示范法》为基础的法律体系，不同法域在仲裁实践方面的行为偏好也有所不同。我国仲裁业的发展正是以此为背景，而传统文化的影响也广泛体现在我国仲裁体系中，如对调解的运用，与其他相关部门法、程序法的衔接，我国仲裁机构的相关规则和实践的发展等，而政府对仲裁业发展的干预和推动也在其中起到了相当的作用。在这一背景下，作者认为对于仲裁实践的理解应当将文化背景作为重要变量。从这一角度出发，作者进一步分析了我国仲裁事业是如何在全球化和地方化的互动中发展的，而一些现象和趋势又如何对应了不同的理论框架。例如，仲裁机构自我发展并推动一个法域的仲裁实务发展的现象，可以从路径依赖的角度来理解。文化背景影响着特定族群的价值观念、行为模式，因此，不同文化背景下的当事人对仲裁的期待和其参与其中的行为方式也具有独特性，例如儒家文化对于非对抗性争议解决的推崇与调解在我国仲裁中的广泛使用具有一定相关性。而本地仲裁机构对这种文化背景的熟悉和发扬能促进本地仲裁的进一步发展。而从经济和理性选择理论的角度来看，仲裁规则的趋同化能够有效降低沟通成本，从而成为一种理性选择，而这时文化差异的影响退居其次，这在我国的仲裁实践中也有广泛体现。最后，作者认为，对于文化敏感性以及其对仲裁发展的影响而言，要避免对问题和现象的过度简化、印象化，而忽略其中的多重因素、个体差异和变化发展。从这一角度来看，仲裁本身，尤其其程序规范并不依附于特定的意识形态或文化背景，而更偏重于维护其体系的完整性，这为仲裁的国际化、统一化提供了基础。但另一方面，仲裁难免会涉及不同法域的实体法的适用，以及来自不同法域和文化背景的当事人。

① Qingxiu Bu, The Cultural Sensitivity in Harmonisation of International Arbitration: Lessons from China, (2020) 23 (1) *International Arbitration Law Review* 70–90.

这就需要有经验的仲裁员充分关注文化背景的影响，从中调和。作者也关注到对于文化因素在仲裁中的影响的实证研究仍然相当匮乏，因此关于仲裁是否主要体现了西方文化，不宜定论。文化究竟是否以及在何种程度上阻碍仲裁发展仍然是未知命题，而对仲裁从业者来说，充分注意到文化差异并创造性地予以解决乃是必做的功课，但与此同时，其影响也不应被过度解读。

Zhiqiong Wang，Jianfu Chen 分析了集调解、诉讼、仲裁等不同方式于一体的争议解决机制在我国的发展，并评析了其社会功能的演化。[①] 作者分析了调解、仲裁等替代性争议解决方式在我国的发展历史，特别关注了其作为社会管理和治理工具而被政府机构、集体组织等使用的历史和现状。例如，就仲裁而言，作者关注到其在新中国成立后的广泛适用首先是在社会治理层面，以行政力量为主导，而调解与仲裁的联系也相当紧密。直到20世纪90年代《民事诉讼法》和《仲裁法》相继出台，推动我国现代化仲裁体系的建立，仲裁机构才逐渐从行政机构走向民间化，而仲裁也更多地成为商业体系相关的产业，而逐渐脱离其以前所承担的社会治理职能。然而，尽管商事仲裁在近 30 年间得到了长足发展，但行政性质的仲裁仍广泛存在于其他性质的争议解决中，如劳动仲裁等。作者认为，在当前背景下，调解、仲裁等替代性争议解决机制已经作为我国“多元化争议解决机制”的一部分，承担了社会管理职能。这一概念具有不同的广义和狭义范畴，广义上指的是涵括各种争议解决方式的社会机制，而狭义上是指在最高人民法院领导下的加强综合使用各种争议解决方式、以诉讼为最终争议解决手段的争议解决平台。尽管对各种争议解决方式的综合使用是有利的，但应对争议类型和争议解决方式的运用作出更细致的区分，如国际商事争议解决领域，其应当减少社会管理职能以使其争议解决功能更为突出，从而建立起国际信誉。

Mimi Zou 探讨了我国近年来的仲裁改革。[②] 作者简要介绍了我国仲裁市场和法律框架，认为我国市场具有巨大潜力，而在这一背景下，制定于 1994

---

① Zhiqiong Wang，Jianfu Chen，'From Alternative Dispute Resolution to Pluralist Dispute Resolution: towards an Integrated Dispute-resolution Mechanism in China'，(2020) 16 (2) *International Journal of Law in Context* 165-180.

② Mimi Zou，'An Empirical Study of Reforming Commercial Arbitration in China'，(2020) 20 (3) *Pepperdine Dispute Resolution Law Journal* 281-290.

年、与国际领先实践存在一定差距的《仲裁法》已经无法适应时代需求，亟须改革。尽管法律层面的改革难以在近期实现，但最高人民法院、各仲裁机构等已经采取各种措施在实践中不断完善我国的仲裁法律环境，最近一系列司法解释的出台、仲裁规则层面的改革都可以印证这一点，例如多种争议解决的综合运用，强调调解的使用，自贸区采取的各种实验性措施，最高人民法院国际商事法庭及其与仲裁调解之间的协作机制等。这些实践中的进步预示着我国立法者、执法者和实务工作者都在向增强我国争议解决机制的国际声誉和国际竞争力而努力。

二、外国机构仲裁和临时仲裁在我国的发展

我国《仲裁法》的规制框架以我国仲裁机构为基础，而缺失了对外国仲裁机构在我国仲裁及临时仲裁的规制。这两类实践一度被认为在我国被禁止，但近年来，随着我国仲裁市场与国际实践的接轨，实务工作者和司法层面已经有了一定的突破。例如，Fei Ning，Sheng Chang Wang 认为，我国已经逐步向外国仲裁机构开放市场。[①] 在2013年的神华煤炭案[②]中，最高人民法院认为《仲裁法》所指向的“仲裁委员会”仅指在我国成立的仲裁委员会，而不包括外国仲裁机构，从而排除了外国仲裁机构在我国管理案件的可能性。然而，在随后的龙利得案[③]中最高院则改变了这一态度，认为当事人选择外国仲裁机构能够满足《仲裁法》下关于仲裁协议必须选择仲裁委员会的要求。这一态度的转变表明其至少在对仲裁协议的审查中不再要求必须选择国内的仲裁机构，尽管其并没有对外国机构在我国管理案件所产生的仲裁裁决如何执行作出进一步指引，但仍然是显著的进步。与此同时，域外法院也在不同场合对这一问题进行了评判。在 Z v. A [2015] HKEC 289 一案中，当事人选择了“ICC，中国”仲裁，而国际商会仲裁院（ICC）决定仲裁地为香港。在审

① Fei Ning，Sheng Chang Wang，Slowly but Steadily，Mainland China Opens Door to Foreign Arbitration Institutions，in Neil Kaplan，Michael Pryles and Chiann Bao (eds.)，International Arbitration: When East Meets West-Liber Amicorum Michael Moser (2020，Kluwer)，197-203.

② 《最高人民法院关于神华煤炭运销公司与马瑞尼克船务公司确认之诉仲裁条款问题的请示的复函》[2013] 民四他字第4号，2013年2月4日。

③ 《最高人民法院关于申请人安徽省龙利得包装印刷有限公司与被申请人 BP Agnati S.r.l 申请确认仲裁协议效力案的请示的回复》，[2013] 民四他字第13号，2013年3月25日。

查这一裁决是否应被撤销时，香港法官认为由于外国机构在我国内地进行仲裁所产生的裁决存在不能被执行的风险，而在香港仲裁则无此风险，故仲裁地为香港是适宜的。在 BNA v. BNB［2019］SGHC 142 案中，新加坡法院的法官也表达了类似的观点。为了应对这一问题，一系列围绕自由贸易区的试点已于几年前展开。例如，香港国际仲裁中心（HKIAC）等仲裁机构在上海自贸区建立后，在其中建立办事处。而在 2019 年，国务院发布的上海自贸区临港新片区总体方案中提出了允许境外知名仲裁及争议解决机构经登记备案后，在该区内设立机构、开展业务。上海司法局随后发布了进一步执行该方案的细则。这对于外国仲裁机构在我国开展实质性业务指明了方向。作者同时指出，两年期的试点效果有待实践检验，而这一问题的正式解决仍有待立法层面的厘清，尤其是需要在立法层面确立关于外国机构在我国管理的仲裁中所产生的裁决的国籍，以及其仲裁程序司法协助和裁决司法审查所对应的法院等核心问题。

与此同时，临时仲裁同样在我国立法层面缺乏规定，这使临时仲裁在我国的发展缺乏法律层面的依据。这一问题已经得到了实务界和学界的长期关注。在这一背景下，Liu Ying，Zhang Weijia 探讨了临时仲裁在我国仲裁体系下的发展状况和未来前景，尤其关注了其在自贸区的一些试点和突破。[①] 作者认为，尽管我国《仲裁法》所提供的法律框架没有为临时仲裁的发展提供法律依据，并存在一定的发展限制，但近年来随着“一带一路”的发展所带来的市场需求，临时仲裁能够为我国仲裁市场的发展提供更多的可能。因此，最高人民法院通过司法解释的形式允许在自贸区范围内一定程度地开展临时仲裁的试点，[②] 而这也在实践中得到了体现。珠海横琴新区管委会和珠海仲裁委员会联合出台的《横琴自由贸易试验区临时仲裁规则》于 2017 年施行，广州仲裁委员会牵头发起、中国互联网仲裁联盟发布了《临时仲裁与机构仲裁对接规则》，为临时仲裁和机构仲裁的配合使用提供了依据。作者还报告了依据上述《对接规则》处理的一起临时仲裁案例，以及另一起由上海银行业调解中心协助

---

① Liu Ying，Zhang Weijia，‘Establishment of Ad Hoc Arbitration Mechanism in China’，(2020) 10(4) *Journal of WTO and China* 68–94.

② 《最高人民法院关于为自由贸易试验区建设提供司法保障的意见》，法发［2016］34 号，2016 年 12 月 30 日，第 9 条。

进行的跨上海自贸区和广东自贸区的临时仲裁案例。另外，外国作出的临时仲裁在我国境内得到承认和执行也在实践中得到了确认。然而，作者也指出，临时仲裁目前在法律层面仍然缺乏依据，最高院的司法解释也存在一定的模糊性和不确定性，而临时仲裁规则及其在实践中的适用仍需进一步发展，这些问题都亟待进一步解决。

三、仲裁中的程序问题

临时措施是近年来国际商事仲裁发展中的热点问题。与国际上如火如荼的实务发展和学术探讨相比，我国尽管在近年来有所突破，但立法和司法机关的立场仍较为保守，与国际领先的做法仍有一定的差距。Fang Zhao，Han Ma在仲裁语境下探讨了临时措施在我国的发展。[①] 和以普通法为基础的“临时措施”相比，在我国类似的措施称为诉讼保全，进一步分为财产保全、行为保全和证据保全。根据现行《民事诉讼法》，在诉讼和仲裁程序开始前，亦可提起保全请求。知识产权法和海商法对保全有更详尽的规定。然而，值得注意的是，相关法律对于法院同意作出保全措施的标准设定过于模糊，因而在实践中往往形成只要当事人愿意提供相应担保则非常容易获得保全，而不提供担保则很难获得保全的情形，故而对提供担保有困难的请求方和因此财产被长期冻结的被申请方较为不公。尽管在一些特殊领域，例如知识产权法相关的保全问题上，最高法作出了一些司法解释以对保全的适用作出更明确的指引，但整体而言，关于保全的实践仍然存在较大的不确定性。

与此同时，作者也关注到，在仲裁相关的保全问题上，我国和国际实践也存在较大的差距。最显著的差距体现在，我国现有法律框架下仲裁庭无法做出保全措施，当事人的相关请求必须由仲裁机构转交法院进行考量。这一做法存在诸多问题，例如法院无法像仲裁庭一样对案件的具体状况有全面的了解，故而其判断不一定适合案件的具体情况；法院程序的公开性与仲裁本身的私密性矛盾；而实践中仲裁机构与法院间的沟通效率较低，往往造成程序的拖延。这可能源于我国法院认为作出临时措施的权力属于国家司法主权的一

① Fang Zhao, Han Ma, 'Interim Remedies in the People's Republic of China', Lei Chen and André Janssen (eds.), *Dispute Resolution in China, Europe and World* (2020, Springer), 153–169.

部分，这在2008年济南永宁案中有所体现。[①] 作者认为在该案中，仲裁庭认为一方当事人向我国法院就争议所涉财产提起诉讼并申请保全的行为违反了仲裁协议，并应当承担相应责任，而我国法院则基于我国法院行使司法主权的理由认为该裁决违反公共政策。然而，从另一方面说，一些仲裁机构已经允许在适用其他法域法律的情况下，可以由仲裁庭做出临时措施。

与此同时，我国内地法院也不承认外国仲裁庭作出的临时措施的可执行性，而这与香港等在仲裁方面较为领先的法域的做法也有所不同。尤其值得指出的是，我国法院对普通法系广为接受的“禁诉令”持否定态度，其对自己是否具有管辖权的决定通常不受是否已有外国法院对案件进行管辖的影响。在华泰财产保险有限公司深圳分公司与Clipper Chartering S.A.海上货物运输合同纠纷案[②]中，武汉海事法院认为其对案件具有管辖权，并要求当事人向香港法院申请撤回其发出的禁诉令。作者认为，由于申请我国法院执行相关的禁诉令可能性较低，比较有效的方式可能是申请基于类似理由的管辖权回避。

John Choong，Yong Wei Chan比较了我国内地和香港对临时措施的不同处理方式。[③] 香港法下，临时措施的相关规定来源于《示范法》，当事人可以采取两种不同的方式获得和执行临时措施。一方面，如果仲裁地为香港，则当事人可直接向仲裁庭申请《示范法》所列举出的临时措施，并向法院申请由仲裁庭作出相应指引、命令或裁决。如仲裁地不在香港，则当事人必须向法院证明仲裁庭该决定的性质是类似情况下仲裁地为香港的仲裁庭能够作出的。这一做法的优势在于，仲裁庭对于案件的背景事实更为熟悉。另一方面，当事人可直接向法院申请针对某一仲裁案件的临时措施，不限于仲裁地在香港或是域外。然而，对于域外仲裁程序相关的临时措施，法院会更加审慎，考虑该程序所产生的裁决在香港具有可执行性，以及临时措施的性质是否类似于香港法院会在本地仲裁程序中作出的临时措施。与此同时，法院还考虑到其作出临时措施的权力属于辅助仲裁的进行，而仲裁庭对该仲裁有更高的权

---

① 最高人民法院关于不予承认和执行国际商会仲裁院仲裁裁决的请示的复函（2008年6月2日［2008］民四他字第11号）。

② ［2017］鄂72行保3号。

③ Interim Measures in Support of Arbitration：Comparing Hong Kong and Mainland China，in Neil Kaplan，Michael Pryles and Chiann Bao（eds.），International Arbitration：When East Meets West–Liber Amicorum Michael Moser（2020，Kluwer），13–23.

力。因此，法院应当在行使自己的权力与干预仲裁庭的管辖权之间作出平衡，如果其认为仲裁庭更适合对此作出决定，则可能拒绝作出临时措施；而当事人如选择向香港法院而非仲裁庭提出临时措施的申请，则应当对这一问题尽可能地作出解释。相关的法律对于法院判断是否可以作出临时措施的法律标准和程序均作了详尽规定。

与香港的实践相比，我国内地的实践有显著不同。例如，在我国内地申请财产保全，通常并不需要当事人证明有转移或损耗财产的危险，另外法院常常要求申请方提供担保，而当事人也往往依赖“财产保全责任险”这一独特的险种从保险公司获取相应的资金支持。上述两个因素导致当事人热衷于冻结对方在我国内地的财产。作者同时注意到行为保全在知识产权领域的适用很广泛，并且法院给出了相对详细的指引，这与普通法系关于禁制令的标准相类似。作者认为其可能被广泛适用于其他类型的诉讼程序中。从程序角度，财产和证据保全往往是单方程序，而法院可依其自由裁量权决定是否听取被申请方的意见；而与之不同的是，行为保全是双方程序，尤其在知识产权相关案件中，除非情况特殊，法院通常会在作出决定前听取双方意见。

在对两地的临时仲裁制度进行考察的基础上，作者以最高人民法院与香港特别行政区法院就仲裁程序相互协助保全的安排[①]为框架，进一步探讨了“内地仲裁、香港临时措施”和“香港仲裁、内地临时措施”两种情况下的实践问题。作者认为该安排符合香港一贯的实践，但对于内地法院支持香港仲裁而言则是新的突破，因而更有利于以香港为仲裁地的仲裁实践。尤其是当事人可以依据香港法，向紧急仲裁员或仲裁庭申请临时措施，同时或先后向内地法院申请临时措施，并且在其先后顺序上享有较高的自由度。

Friven Yeoh，Nathaniel Lai 从国家秘密法律的角度分析了涉及我国的国际仲裁实践中的证据披露问题。[②]作者认为，由于我国《保守国家秘密法》对于国家秘密的定义和分类存在一定的模糊性，实践中可能被分类为国家秘密的文件和信息内容十分广泛。因此，在涉及我国国有企业、其他与国家有关的当事人、

---

① 法释［2019］4号。

② Friven Yeoh，Nathaniel Lai，Disclosure in International Commercial Arbitration and State Secrecy Laws in China，in Neil Kaplan，Michael Pryles and Chiann Bao（eds.），International Arbitration：When East Meets West–Liber Amicorum Michael Moser（2020，Kluwer），303–313.

重要行业的关键私有企业等的仲裁案件中，可能会出现案件争议涉及国家秘密的情形，从而导致仲裁的取证质证环节遇到一些困难。而从仲裁庭的角度来说，其是否应当适用我国的《保守国家秘密法》，还是其他国家的相关法律法规，甚至是国际上通行的关于国家秘密的概念和规则，也是一个需要解决的冲突法问题。一种观点认为，仲裁庭需要从仲裁地的程序法出发应对仲裁中的证据披露问题，而大部分国家关于证据披露的例外没有《保守国家秘密法》的范围宽泛，其就会导致仲裁庭要求当事人披露落入《保守国家秘密法》范围的文件或信息的困境。在涉及类似情况的外国诉讼中，不同国家的法院有各自的立场和处理方式。例如，美国法院会在国际礼让和证据披露间进行平衡，但这并不意味着法院不会要求披露，即使其披露可能违反外国法律。尤其值得指出的是，美国法院在其衡量中并不认为我国关于保守国家秘密的法律会被严格执行，依外国法院命令披露相关的证据的当事人会被严肃惩罚，并且会考虑当事人拒绝披露的行为是否出于善意。相关法院在类似的案件中，法院认为如果当事人辩称证据属于国家秘密，其负有证明其属于国家秘密的义务，其须得到我国相关机关的认定，或者应该将其交由当事人的专家证人或法庭审查其是否属于国家秘密。作者认为，仲裁庭适用仲裁地法院的做法来判断是否应当披露涉及我国国家秘密的信息是不适当的，尤其从国家主权和公共利益的角度说，国家秘密不应因为其符合外国的证据披露原则而被披露，尤其是该外国与整个争议的关联仅仅在于当事人选择其为仲裁地。另一种观点认为，信息是否披露应当受与证据具有最密切联系地法律管辖，而判断最密切联系的连接点包括：合同适用法；仲裁地；当事人的住所地；文件起草地或信息产生地；文件保存地；仲裁裁决执行地；文件制作所依据的法律；管辖接受或持有该文件的当事人的法律等。考虑到上述因素，如果文件在我国制作和保存，则中国法很有可能成为该证据文件的适用法，因而仲裁庭应当适用我国相关法律来处理其披露问题。作者建议在仲裁实务中，仲裁庭采取后一种立场，其理由在于，当文件与国家有足够联系时，国家有权认定其为国家秘密以保护自己的公共利益。

与上述披露问题相关的一个法律问题是，仲裁庭是否有权要求当事人作出特定法律下的非法行为（披露国家秘密）。作者认为，一国法律并不必然影响仲裁庭依据其他国家仲裁法律而行使权力的行为，包括其作出关于证据披露的指令的行为。尤其值得指出的是，仲裁庭无法强制当事人进行披露，而不予披露的后果往往是仲裁庭在一定情况下可以对未披露方进行负面认定。在具体案件中，仲裁庭必须对双方的利益、是否善意、负面推理的后果等因素加以综合考量。而参考最密切联系原则可以为仲裁庭的考量增添合理性。

四、仲裁中的适用法问题

与长期被讨论的仲裁程序法问题相比，仲裁中的实体法适用问题并未得到过多的关注，而立法和司法层面的指引也较少。然而，这一问题在实践中对当事人的利益有很大的影响。Patrick Zheng，Charles Qin，Han Li 撰文评析了我国仲裁实践中对于适用法问题的不同处理方式。[①] 作者首先比较了诉讼和仲裁中适用法问题的不同，在诉讼中，法院有义务适用特定的冲突法规则，通常是法院地的冲突法规则，来解决适用法问题，《涉外民事关系法律适用法》作为我国的冲突法规范得到了广泛适用。但在仲裁语境下，仲裁本身并不指向特定的法院地，而仲裁员并无义务遵循特定的冲突法规则。与此同时，由于仲裁的私密性，仲裁员在处理适用法问题时难以参考过往案例，而适用法错误问题也通常不属于对仲裁裁决进行司法审查的范围，故而也不存在有效的纠错机制。这为仲裁当事人带来了极大的不确定性。我国立法上对仲裁中的适用法未作规定，而不同的仲裁规则中，贸仲规则和上仲规则均规定，在当事人未做选择或该选择与强行法冲突的情形下，应由仲裁庭决定适用法。而北仲规则规定，仲裁庭有权“依据案件情况”确定适用法，并且在任何情况下都应当考虑相关交易惯例。也即，我国仲裁机构的规则通常采取的模式为直接赋权仲裁庭，而非认为仲裁庭应当依据一定的冲突法规则来确定适用法。从实践来看，适用法问题上仲裁员通常具有很大的自由裁量权，很多仲裁员并未在裁决中对此进行说理，因此其不确定性较强。

作者通过对一些贸仲案例的研究，总结出我国仲裁实践中存在的四种常见做法，并予以点评。第一种做法是适用仲裁地的冲突法规则，其依据是将冲突法规则纳入仲裁程序法的一部分。这种做法的优势在于其简单明了，但从国际实践来看，这一做法受到的批评较多并已不再被广泛使用，因为通常认为其与仲裁本身所要求的灵活性相悖，并且其将法院与仲裁庭进行简单的

---

① Patrick Zheng，Charles Qin，Han Li，‘Navigating Conflict of Laws in International Commercial Arbitration in China’，in Lei Chen and André Janssen（eds.），*Dispute Resolution in China*，*Europe and World*（2020，Springer），209–228.

类比的做法也并不合适。但作者认为，上述批评忽视了仲裁地本身与案件乃至仲裁员的紧密联系，其可能也在个案中具有一定的合理性。第二种做法是直接适用仲裁地的实体法，即中国法，其理由是当事人对仲裁地的选择隐含了对适用法的选择。然而，这一理论被广泛批评，在其他法域也已经被放弃。第三种做法是适用冲突法的通用规则，例如最密切联系原则，但究竟作为普适原则的最密切联系原则的内涵和外延为何，尚不明确。这一做法的优势在于其具有相当的包容性，避免了仲裁员陷入决定适用具体哪个法域的冲突法规则的泥潭。第四种做法是适用商人法（lex mercatoria）作为默认规则，这也在一些案例对统一私法协会（UNIDROIT）国际商事合同通则的援引中得到了体现，但整体而言较为少见。总体而言，仲裁员在这一问题上享有极大的自由裁量权，因而实践中具体做法不统一。在国际实践中，最密切联系原则得到了较为广泛的适用，但由于仲裁的私密性，关于这一问题的实证研究和整体研究仍亟待发展。作者认为，最密切联系原则是目前实践中较为妥当的选择，但仲裁员仍应当对案件中的具体因素和"连接点"及其权重进行分析，从而对适用法问题作出符合当事人期望的决定。

Carrie Shu Shang，Wei Shen 研究了商人法在我国法院和仲裁中的适用情况。[①] 作者认为，商人法作为非正式的法律规则，其在我国实践中往往被忽视。尽管我国立法在一定程度地承认了"交易习惯"或"商业习惯"，并在新的自贸区相关的实践中一定程度上承认了"国际通行规则"和"国际惯例"，但其在实践中的运用很少。作者对于 2014—2019 年间最高人民法院相关案例的数据统计表明，在 8000 多个案件中，只有 100 多个案件提到了交易习惯，而另有 20 多个案件提到国际惯例，大多均为涉外案件，而其中仅有 2 个案件中当事人明确选择国际惯例适用于其合同，但当事人申请适用国际惯例的请求均被法院驳回。在 UNILEX 网站所统计的案件中，仅有 14 个我国法院案件提及了国际统一私法协会的国际商事合同通则，而绝大多数都是在评论而非正式的裁判部分中提及。尤其值得注意的是，我国实践中关于相关法律规则的讨论往往集中于对正式立法和司法的讨论，而忽视了商事主体和社群对于交易习惯、规则形成的作用。在司法实践中，法官往往倾向于自己判断"商业习惯"

① Carrie Shu Shang，Wei Shen，'Embracing lex mercatoria through resistance：courts，arbitration and customs governing commercial relationship in China'，（2020）28（1）*Asia Pacific Law Review*，97–121.

的内容，并默认存在统一的“商业习惯”，而这与商人法的自发性、多元化性质是相背离的。作者认为，最高人民法院国际商事法庭的建立可能为国际惯例在我国司法实践中的适用提供了独特的平台，但如何在一国法院所代表的国家法律秩序与具有自发性、脱离国家法律体系的商人法之间取得平衡，仍需实践探索。此外，其在仲裁等替代性争议解决语境下的使用也往往被忽视。例如，《仲裁法》和大多数仲裁机构的仲裁规则并未给交易习惯或国际惯例的适用作出明确规范。实践中，除非当事人明确选择，仲裁员也鲜少在其裁判中援引国际惯例来支持其裁判。在一些案例中，仲裁庭甚至在当事人明确选择的情况下依然拒绝认为当事人所选择的“通行条款”成为合同适用法。在仲裁员使用其自由裁量权以决定合同适用法的情况下，存在强烈的适用中国法的偏向，而不利于习惯和惯例的适用。作者从我国仲裁机构及其发展的历史进一步阐明，我国的仲裁发展源于行政推动，并且整个体系的建立和发展都仍和政府存在一定的联系，因此其限制了具有自发性的商人法和其独特的法律秩序的形成和发展。从另一角度说，由于我国传统上当事人有以非对抗方式解决争议的倾向，因此争议的和解率较高，使得交易习惯等自发性发展的规则未能在诉讼和仲裁中得以充分地讨论，从而发展成被广泛承认的、独立的法律渊源。在此基础上作者提出，在我国加入相应的国际公约以及国际贸易进一步发展的基础上，商人法在我国正式法律体系之下得到发展是可能的，其作用也应当得到重视和认可，但其发展空间需要在政治、经济等角度得到通盘考虑，其自发性、非正式性等特质与正式的国家法律体系之间的关系根源于市场与国家的关系，需要从系统层面予以考量。

五、港澳地区仲裁新发展

港澳地区由于和内地的紧密联系和独特的法律体系，其法律市场得到了广泛关注，而其在仲裁方面的新发展对内地仲裁也有重要的参考意义。Jacky Fung，Byron Perez 关注了内地和香港之间关于法院对仲裁相关保全措施的安排。[①] 为解决两地间仲裁程序在一地进行，而证据、财产可能处于另一方辖区的问题，最高人民法院与香港特别行政区于 2019 年达成了《关于内地与香港

① Jacky Fung，Byron Perez，The Unprecedented Arrangement Between the People’s Republic of China and Hong Kong Relating to Interim Measures，(2020) 22 (1) *Asian Dispute Review* 31–35.

特别行政区法院就仲裁程序相互协助保全的安排》[①]并对其执行作出了详尽的释疑。作者对该安排的细节规定作出了较为详尽的介绍，认为这是选择香港作为仲裁地的又一优势。值得注意的是，该安排的覆盖范围有限，对于香港仲裁而言，仅限于特定的仲裁机构管理的仲裁地为香港的仲裁程序，而不包括其他机构或者临时仲裁程序，也不包括紧急仲裁员作出的临时措施。在规则的基础上，作者提出了一些实务建议，例如如何预估关于保全措施的担保金额，应当将获取保全措施相关的文书公证等时间纳入案件规划，在可以向多个法院提起保全请求时应主要考虑法院在处理涉外仲裁案件方面的经验和涉案财产所在地等。作者同时指出，该规则仅规定了裁决作出前的相关保全，但对裁决作出后到裁决得到承认和执行期间该保全是否仍然有效并未作出明确规定，这一空白亟待填补。

Joris Bertrand，Edward Taylor 建议香港在采纳《示范法》关于临时措施规定的基础上，进一步允许紧急仲裁员根据单方请求作出"初步命令"。[②]在目前的法律框架中，仲裁庭可依据单方请求作出初步命令，以保证在仲裁庭作出关于临时措施的决定之前对方当事人不因知晓该临时措施而作出损害其目的实现的行为。[③]但这一措施并未扩展到紧急仲裁员制度中，也即，紧急仲裁员作出临时措施必须建立在通知对方并允许对方抗辩的基础上。作者认为这一做法在一定程度上消解了紧急仲裁员制度快速迅捷的特点，并且认为，从法律层面赋予紧急仲裁员根据单方请求作出初步命令并不存在比赋予仲裁庭该项权力更大的风险，因其中存在的正当程序问题是相似的，对两者进行区分没有必要。此外，赋予紧急仲裁员该项权力而对于选择仲裁的当事人而言更为有利，其不必再依赖法院提供类似的救济途径。对当事人而言，由仲裁"一揽子"解决程序问题更加有效，而在进行仲裁的同时必须求助法院作出临时措施负担更重；此外对一些涉外案件而言，相应证据或财产所在的法域也未必能够提供类似的途径。这一措施已经在其他法域（如新西兰）被采纳，其也顺应了仲裁发展的趋势。作者同时建议，立法机关还应考虑在立法层面进

① 法释［2019］4号。

② Joris Bertrand，Edward Taylor，'Evolution，Not Revolution：A Step towards Ex Parte Emergency Arbitrator Relief in Hong Kong'，(2020)22(4) *Asian Dispute Review* 148-154.

③《示范法》第17B条。

一步明确上述初步命令在法院的可执行性。在立法变革之前，仲裁机构也可在其现有规则中规定，在临时措施作出之前，紧急仲裁员可作出命令以维持现状，防止当事人阻挠临时措施目的的实现。

A.V.Asoskov分析了香港国际仲裁中心作为涉及俄罗斯的仲裁争议的管理机构的优势。[①] 俄罗斯仲裁法律框架较为独特。在其早先实践中，一些大型公司设立了自己的仲裁机构，并通过其合同谈判优势地位要求其将相关争议均提交给自己关联的仲裁机构进行仲裁。为遏制这一局面，2016年其仲裁法进行了改革，要求仲裁机构必须获得"永久仲裁机构"资格方可继续营业；未能获得该资格仍管理仲裁案件的机构，其产生的仲裁裁决将受到法律限制。HKIAC和其他为数不多的本地和境外仲裁机构获得了这一资格，对于涉俄案件的争议解决而言具有相当的优势。根据其2016年改革后的法律，仅有获得这一规则的机构才能管理一些特定类型的案件，如涉及公司法争议、政府采购争议等；仅有这些机构管理的仲裁案件才能获得法院在证据保全方面的协助；根据当事人协议，其仲裁程序和裁决能够豁免其本地仲裁法下法院的监管，如根据当事人的请求撤销临时和最终裁决，重新审查被仲裁庭或机构驳回的对仲裁员提出的回避申请等。此外，在俄罗斯进行的临时仲裁中仲裁管理中的一些核心职能也只能由上述取得资格的仲裁机构进行，如任命仲裁员，对仲裁员的回避和终止职务作出决定，管理当事人预交的费用等，如有违反则该裁决可被撤销。除此以外，应当考虑到俄罗斯还对国际制裁制定了较为严格的法律，因此如果国际仲裁机构的主要办公室、仲裁庭、费用支付涉及的相关银行来源于对俄制裁的国家，则需要履行复杂的合规程序对其予以确认，这会对仲裁的效率有极大影响。香港不存在对俄制裁问题，故由HKIAC管理在俄罗斯进行的国际仲裁具有优势。

Olga Boltenko，Howard Chang，Zi Wei Wong比较分析了香港和新加坡关于仲裁庭管辖权决定的司法审查机制。[②] 香港法遵循了《示范法》的做法，允许当事人就仲裁庭的肯定性决定（即其具有管辖权）向香港初审法院提出审

---

① A.V. Asoskov，'The Advantages of Arbitrating Russia-Related Disputes at HKIAC as a Permanent Arbitral Institution Under Russian Law'，(2020) 22 (2) *Asian Dispute Review* 75–80.

② Olga Boltenko，Howard Chang，Zi Wei Wong，Setting Aside Jurisdictional Findings by Tribunals and the Ad Hoc Admission of Counsel in Singapore and Hong Kong，(2020) 22 (2) *Asian Dispute Review* 70–74.

查，该程序的结果不可上诉。但在仲裁裁决的司法审查阶段，该结果仍然可能被更高级的法院审查。值得注意的是，仲裁庭的否定决定（即其不具有管辖权）不可向法院提起审查之诉。这一法律框架为当事人提供了一个重大选择，即是否令仲裁庭将案件分为两个阶段，并对仲裁庭管辖权问题做出初步裁决。如若选择是，则提起仲裁一方则可能面临管辖权问题及早被法院审查的情形，并且可能在一定程度上影响仲裁程序的进行。对于一些仲裁，例如投资者—东道国间的投资仲裁，这可能对于东道国一方较为有利。而另一方面，新加坡的立法则更为中立，其规定仲裁庭对于管辖权的不同决定均可由法院审查，这突破了《示范法》所提供的框架。此外，对于在对仲裁庭管辖权问题的司法审查中，外国律师是否能够出庭辩护的问题，香港和新加坡的法院做法也有所不同。整体而言，新加坡法院的做法更保守，其会考察本地律师是否同样有能力和经验处理类似的法律问题。而香港法院的做法更加灵活开放，更有利于外国律师在香港本地出庭辩护，尤其是促进外国主要律师和本地大律师（barrister）共同出庭。

澳门地区通过了新的《仲裁法案》，并于2020年正式生效。Fatima Dermawan对此做出了简要评述。[①] 该法案采纳了联合国贸易法委员会《示范法》2006年版，并受到了香港和新加坡立法的影响。该法案带来的改革主要体现在以下几点：《示范法》同时适用于本地和国际仲裁，对适用对象不做本地和国际仲裁的区分；增加了对电子商务交易中仲裁条款形式的灵活规定；增加了对仲裁中紧急措施的规定，包括紧急仲裁员、仲裁庭的临时措施、法院临时措施等；尤其在法院协助方面，当事人和仲裁庭均可以寻求法院作出相应的临时措施；当事人可以约定仲裁裁决可上诉至另一个仲裁庭；为当事人未能对仲裁费用进行约定的情况提供了默认规则；非本地居民的仲裁员在澳门停留期间可以豁免申请工作居留；以及仲裁也可适用于行政法纠纷。上述规定与香港仲裁法律框架较为类似。在此基础上，澳门政府进一步推出了对仲裁机构进行监管的行政法规，对申请成立仲裁机构的条件、审查机构和工作流程等均作出了细节规定。如未能获取许可或者许可被撤销而仍成立仲裁机构的，则会面临罚款。目前现有的五所仲裁机构也应根据上述法律法规更新自己的组织章程。作者认为，尽管上

① Fatima Dermawan，'Macau Adopts a New Arbitration Framework'，(2020) *Asian Dispute Review* 36–40.

述法律层面的改革为仲裁发展提供了良好的环境，但仲裁实践在澳门并不发达，现有的仲裁机构在国际乃至区际范围内的声誉仍亟待建立。作为华语区与葡语区社会经济和文化交流的平台，良好的法律环境为仲裁事业的进一步发展提供了途径，但其发展仍有待时间的检验。

六、仲裁协议和仲裁裁决的司法审查

我国法院对于仲裁的态度一直是业界和学术界关注的重点。尤其值得指出的是，我国学者在这一问题上所做的案例研究和实证分析，对于扭转外界对我国仲裁裁决司法审查“不透明，地方保护主义”等刻板印象很有帮助，对实践中暴露出的问题也提出了改进建议。Helen H. Shi 撰文系统分析了我国法院在对仲裁协议和仲裁裁决的司法审查中逐渐采取了“有利仲裁”的立场。① 这一立场的转变体现于以下几个方面的新进展：首先，在对仲裁协议的司法审查中，采取有利于仲裁协议有效性的立场。例如在立法和司法层面上，关于仲裁协议有效性的适用法得到了厘清。在塔塔案 ② 中，法院进一步确立了有利于仲裁的立场。该案仲裁协议所指明的新加坡仲裁机构并不存在，且并无指明仲裁地，在这种情况下，以往中国法院往往会适用中国法判定仲裁协议无效，但本案法院认为当事人有仲裁意愿，且同意在新加坡法律框架下进行仲裁，据此适用新加坡法判定仲裁协议有效。其次，允许内地法院作出临时措施以支持在香港进行的仲裁。最后，为外国仲裁机构在我国管理案件所产生的裁决在我国得到执行作出尝试。作者认为，上述新进展均表明我国法院已经从各个层面强化了有利仲裁的立场，并将通过未来的改革将其进一步巩固。

Xiaochun Liu，Xiongfeng Li 从深圳国际仲裁院的角度出发，分析了我国内地与香港地区之间仲裁裁决的承认与执行中的发展与问题。③ 作者首先回顾

---

① Helen H. Shi，Have Chinese Courts Adopted an Arbitration–Friendly Approach Towards International Arbitration in Neil Kaplan，Michael Pryles and Chiann Bao（eds.），International Arbitration：When East Meets West–Liber Amicorum Michael Moser（2020，Kluwer），235–244

② 中轻三联国际贸易有限公司诉塔塔国际金属（亚洲）有限公司申请确认仲裁协议效力案，[2017]京 04 特 23 号。

③ Xiaochun Liu，Xiongfeng Li，‘Overseas Recognition and Enforcement of China’s Arbitral Awards–From the Perspective of the Enforcement of SCIA Arbitral Awards in Hong Kong’，in Lei Chen and André Janssen（eds.），Dispute Resolution in China，Europe and World（2020，Springer），191–207.

了我国内地与香港之间相互承认和执行仲裁裁决的历史。在香港回归前，由于我国和英国均为《纽约公约》成员国，仲裁裁决可依据该公约执行。这体现在20世纪80年代首个我国内地的仲裁裁决在香港得到执行的案件中。该争议源于一起涉及香港当事人的商业买卖纠纷，当事人将争议提交给贸仲深圳分会（即深圳国际仲裁院前身），并于1988年获得裁决。当事人向香港法院提出执行请求时，被执行方提出了两项抗辩：其一，贸仲深圳分会在其被仲裁协议选择以及受理案件时尚称为"贸仲深圳办事处"，而其随后变更名称为贸仲深圳分会，并以其新名称作出裁决，其与当事人合同所选定的机构不符；其二，仲裁协议签订时《纽约公约》尚未对中国生效，故不应适用。上述两个理由均为香港法院所驳回。法院认为，名称变更并不能代表机构本身不符合仲裁协议，而《纽约公约》的适用范围考察的是裁决作出时，而非仲裁协议签订时是否对当事国生效。这一案件不仅是我国内地作出的仲裁裁决在香港执行的第一案，同时也是香港法院适用《纽约公约》执行外国仲裁裁决的第一案，具有划时代的意义。

在此基础上，作者进一步考察了我国内地作出的仲裁裁决在香港的执行情况。在香港回归前，绝大多数裁决均得到了执行，在150余例中，仅有两例不予执行。而反过来，在26起香港仲裁裁决在内地法院申请承认和执行的案件中，约半数得到了执行。香港回归后，《纽约公约》不再适用。这带来了一定的不确定性，故而两地通过《关于内地与香港特别行政区相互执行仲裁裁决的安排》对相互的仲裁裁决承认与执行作出了类似于《纽约公约》规范。此后的仲裁实践中，大量仲裁裁决在香港得到执行，而深圳国际仲裁院占比显著。此外，深圳国际仲裁院还为当事人选择该机构、适用UNCITRAL仲裁规则在香港仲裁提供了实践指引，进一步促进区域内仲裁服务的多样化。

与此同时，作者指出我国《仲裁法》及其他相关法律缺乏对"仲裁地"这一法律概念及其法律意义的规定，这在实践中造成了一定的不确定性。尽管实践中已有一些案例对仲裁裁决的国籍根据其仲裁地进行判定，但这些案例并不能替代法律层面对于这一问题彻底、全面的规定。例如，关于内地仲裁机构以香港为仲裁地管理的仲裁程序所产生的裁决，其国籍需要进一步明晰，其中当事人是否能够分别在内地法院和香港法院申请临时措施，其能够提起撤销之诉和执行之诉的法律依据等，也都取决于其国籍判定。作者建议应当对这一问题在立法层面予以明确，并采用灵活立场，对当事人在不同情况下的救济权予以全面保护。

Shen Wei，Shang Shu对1995年至2015年间最高人民法院做出的98个关于仲裁裁决司法审查的批复中所体现出的地方保护主义问题进行了实证分析。[①] 在98个案例中，39个为申请撤销裁决，其余为申请裁决执行。其中20个案例由中方当事人提起，其余为外方当事人提起。在98个案例中，40个案例结果维持或执行了裁决，也即，最高人民法院对40.8%的下级法院提出的撤销裁决或不予执行的请示意见予以驳回。然而，驳回率对于中外方申请人提起执行的案件差别很小，这可能是地方保护主义并不显著的一个侧证。而在撤销裁决案件中，外方当事人提起案件的驳回率很低，而中方提起案件的驳回率较高，这可能体现出中方当事人在本地法院提起撤销裁决案件中一定程度的地方保护主义。但总体而言，国籍对于案件结果的影响不起主导作用，尤其在最高人民法院通过内部报告制度进行干预后，其结果可能更加有利于外方当事人。此外，作者还分析了法院地、争议类型、仲裁机构、涉案金额、撤销裁决或拒绝执行裁决的理由、年份对于结果的影响。总体而言，经济欠发达地区法院提交的请示被驳回的比率更高，可能源于其下级法院对相关法律的解释和适用缺乏灵活性。与外国仲裁机构作出裁决有关的请示被驳回的比率略高于国内仲裁机构的相关案件，体现出基层法院对于外国机构一定程度的不友善态度。涉案金额更低的案件相关的请示的驳回率更高，这可能源于下级法院在审理中对涉案金额较高的案件本身就抱有更为审慎的态度。从年份来看，案件数量在2003—2010年间较高，而2003—2006年间的驳回率较高，这可能反映出随着时间推移和经验积累，最高法院和下级法院对这类案件的理解都更深刻和统一，因此案件数量和驳回率都有所回落。此外，争议类型以及撤销或不予执行裁决的理由和驳回率之间的相关性不显著。

作者通过实证分析指出，总体而言，上述案例并未显示出地方保护主义是阻碍外国仲裁裁决在我国执行的主要原因，而最高人民法院所采纳的内部报告制度体现了一定程度的纠错作用，遏制了地方法院可能的地方保护主义倾向。此外，这一制度还具有司法监督的功能，在上诉制度实证效果不够理

---

① Shen Wei, Shang Shu, 'Tackling Local Protectionism in Enforcing Foreign Arbitral Awards in China: An Empirical Study of the Supreme People's Court's Review Decisions, 1995–2015' (2020) *The China Quarterly* 144–168.

想的情况下，可以更好地统一关于涉外和外国仲裁司法审查的尺度，并且能够实现创造对外商友善的法律环境，达到吸引外资和发展外贸等政策性目的。但作者同时也指出，内部报告制度具有不透明、不够有效率等特点，并且在相当长一段时间内造成国内仲裁与涉外、外国仲裁被区别对待的情况。

Beibei Zhang 分析了丰岛股份公司与被申请人高密鲁源纺织有限公司申请承认与执行外国仲裁裁决一案中各级法院对仲裁员资质问题的处理，并提出了改进建议。[①] 该案中，两名技术仲裁员在仲裁程序启动后、仲裁裁决作出前，因未能通过相关考试而失去技术仲裁员资格。在裁决作出后，当事人才知晓这一情形，并据此提出拒绝裁决执行。潍坊市中级人民法院认为应拒绝裁决执行，山东省高院多数意见认为应当执行，而少数意见认为应拒绝执行。最高人民法院援引了其 1998 年的司法解释，[②] 认为仲裁员在组庭后、裁决作出前失去资格，只影响随后的仲裁而不影响当前的仲裁，故不应拒绝执行。这一说理的问题在于，首先，其说理过于简略，对当事人是否对仲裁员资格及其涵盖时间段进行约定没有进行考察。其次，山东省高级人民法院的说理中对仲裁庭管辖自治原则的援引值得商榷。尽管法院正确地指出了应当适用法院地法即英国法的仲裁庭管辖权自治原则，但这一原则和本案并不十分相关，因当事人在事后才得知仲裁员失去技术资格的事实，故并没有在仲裁程序中据此提出抗辩，仲裁庭并未对这一问题做出论断，因此不存在法院的审理干涉了仲裁庭在这一问题上的独立判断的问题。而同样从冲突法角度说，仲裁员资格问题本质上仍是程序问题，对该问题的考察理论上应遵循仲裁地法，援引我国司法解释似乎存在冲突法层面的问题。此外，该司法解释本质上所处理的是仲裁机构与仲裁员未能续约对其正在进行的仲裁的影响，这与本案中仲裁员失去某种实质性的资质存在一定的差别。尽管国际仲裁实践中存在类似的逻辑，即对仲裁员资质、中立性等的要求会与仲裁的效率性相平衡，

---

① Beibei Zhang, ‘Revisiting Disqualification of Arbitrators During Arbitral Proceedings: A Critique of Toyoshima & Co. Ltd. v. Gaomi Luyuan Textile Co., Ltd.,（2020）37（4）Journal of International Arbitration 511–528. 该案详情见最高人民法院关于对山东省高级人民法院就申请人丰岛股份公司与被申请人高密鲁源纺织有限公司申请承认与执行外国仲裁裁决一案请示的复函，［2015］民四他字第 30 号，2015 年 9 月 24 日。

② 法释（1998）21 号《关于未被续聘的仲裁员在原参加审理的案件裁决书上签名人民法院应当执行该仲裁裁决书的批复》。

仲裁程序进行到越晚的时候通常对撤销并重新任命仲裁员这一措施的使用越审慎，但以我国上述司法解释作为这一逻辑的起点似为不妥。此外，中级人民法院所讨论的本案对地方经济的影响不应属于仲裁裁决司法审查考量的范畴。因此，作者建议在处理类似问题时，我国法院应当对质疑仲裁员的不同理由作出区分，对仲裁不同阶段中的仲裁员相关问题采用何种标准予以考察进行明确，正确理解仲裁庭管辖权自治原则，并在判决中提供更详尽的说理。

Meng Chen 对我国仲裁裁决司法审查的实践进行了理论和实证分析。[①] 作者认为我国仲裁体系以及仲裁裁决司法审查机制存在的问题包括：对国内仲裁和涉外、外国仲裁采取双轨制，这一分类法缺乏对外国仲裁机构在我国仲裁及临时仲裁的规定，以及对不同类型的仲裁裁决司法审查标准和尺度存在不一致；撤销裁决之诉和执行仲裁裁决之诉的审查机制和范围存在重复性，导致司法程序缺乏效率，并且存在由不同的法院分支进行审理、当事人可通过提交新诉求而拖延诉讼，乃至不同程序的结果出现矛盾的可能性，尽管这一问题最高人民法院已经在通过司法解释着手解决。[②]

通过考察数个对我国仲裁裁决司法审查进行实证分析的研究以及一些原始统计数据，作者认为，我国法院整体上撤销裁决和拒绝执行裁决的比例都较低。从法院层面上的统计来看，251 个仲裁机构中，绝大多数机构的仲裁裁决未被撤销或拒绝执行，而撤销或不予执行裁决案件只集中于某极少部分（16 个）仲裁机构作出的裁决。国内仲裁的撤销和不予执行比例高于涉外和外国裁决，但这也可能与涉外和外国裁决的机构以及仲裁员质量有关。国内裁决中，违反正当程序和证据不足、伪造证据成为当事人最常提出的撤销裁决理由，虽然其成功率较低。相比较而言，在不予执行外国仲裁裁决案件中，违反正当程序和不存在有效仲裁协议是最常见的理由。作者认为，在我国的实际情况下，保留双轨制是必要的，而在立法层面做出根本性改变之前，最高人民法院的改革方向，即统一审查模式和尺度，保留一定程度的监督，是值得肯定的。从执行的实际效率来说，尽管撤销或不予执行裁决的比例很低，

① Meng Chen, 'The Chinese approach to arbitration judicial review: Empirical perspectives and practical trends',（2020）31（1）*International Journal of Conflict Management* 40–57.

② 《最高人民法院关于仲裁司法审查案件归口办理有关问题的通知》，法［2017］152 号，2017 年 5 月 22 日。

但当事人能够实际得到执行、获得的金钱救济比例均不高。根据一项针对北京市三中院的案例实证研究，大约只有50%的裁决最终得到了执行，而当事人获得的金钱赔偿仅有案件金额的十分之一左右。这表明，仲裁裁决的实际执行遇到的困难很多，而这与国际实践也是一致的。整体而言，我国仲裁裁决司法审查的体系和实践都得到了长足发展，其总体上是有效率的。最近的一些司法解释更在细节方面继续完善和细化了仲裁裁决司法审查制度，如案件归口，程序的简化，第三人权利保护等。然而，值得指出的是，该系统也存在很多的不足和需要进一步改进的地方，如欠缺对投资仲裁、临时仲裁的系统性规定以及相关的司法审查制度等。

七、"一带一路"与争议解决

在"一带一路"所带动的经济发展和国际经贸合作背景下，其所衍生的争议解决市场成为业界和学术界的关注重点，近年来得到了充分讨论。在这一议题下，不同争议解决方式的竞争与互动以及市场和规制机制的新变化是讨论的热点。Annie X. Li讨论了"一带一路"背景下我国仲裁机构和法院面临的机遇与挑战。[①]作者比较分析了我国主要仲裁机构和国际领先的仲裁机构近年来发展的数据和仲裁员列表中外籍和港澳台籍的比例，总结认为，尽管我国国际经济贸易近年来得到了长足发展，但其带来的争议解决市场的发展主要体现在国外的仲裁机构，而非我国的仲裁机构。我国仲裁机构的业务增长主要体现在国内仲裁，其国际化程度仍然较低。但与此同时，"一带一路"相关的大量涉华交易为我国的仲裁机构提供了新的机会。作者建议，我国的仲裁法律框架应当作出如下调整，以使其在国际市场上更有竞争力：增强仲裁法律环境的中立性，实现法律规则的标准化和透明度，提高仲裁员质量，与国际通行的规则如《示范法》接轨，提供长期一致的、有利仲裁的司法支持，并对相关的司法裁判予以公开。与此同时，也应该重视外国判决在我国执行制度的发展。

David Holloway撰文分析了我国最高人民法院国际商事庭与"一带一路"

① Annie X. Li, 'Challenges and Opportunities of Chinese International Arbitral Institutions and Courts in A New Era of Cross-Border Dispute Resolution', (2020) 38 *Boston University International Law Journal* 352–393.

背景下争议解决的发展。[①]作者在分析国际商事法庭的特征时着重分析了其与仲裁等其他争议解决方式的联系。例如，国际商事法庭对受案范围的定义强调“国际”和“商事”两大特征，其用意在于吸引可能选择仲裁或者外国法院的当事人将案件提交国际商事法庭。和仲裁相比，国际商事法庭的诉讼程序受到我国程序法律的限制，如语言、法官国籍等，但在国际商事法庭也提供了一定程度的灵活性，如法官必须中英文流利，一些外国文件无需经过烦琐的公证、认证，由部分成员为外籍的专家委员会承担一些调解职能等。在实践中，当事人，尤其是外国当事人仍然会考虑国际商事法庭能否正确适用外国法律、公平对待当事人等问题。而其是否会倾向于选择国际商事法庭，也取决于其判决的可执行性，在这一方面仲裁具有显著优势。同时，国际商事法庭还负责处理一些与仲裁案件相关的司法程序，如仲裁裁决的撤销和执行。但由于其对受案范围的金额门槛设置较高，其也难以成为外国商事仲裁裁决执行的唯一机构；其能受理的撤销和执行案件的范围需要进行进一步地厘清。国际商事法庭对加强诉讼、调解和仲裁的结合采取了一定的措施，但其和具体施行方式仍有待进一步的探索。例如，国际商事法庭和其所列举的调解和仲裁机构将以何种方式进行合作，被列入合作的机构未来是否有可能增加外国机构等。与此同时，作者对国际商事法庭的受案范围排除了国家与投资者之间的投资争议提出了自己的意见，其认为在“一带一路”背景下，能够将争议提交投资仲裁的情况受到并不完善的条约和复杂的本地法的多重限制，国际商事法庭如果能采纳此类争议，则有可能成为投资仲裁的有力竞争者，而这需要在法庭的定位和运作机制上进行进一步的明确。

上述观点得到了最高人民法院国际商事法庭法官 Xiangzhuang Sun 相关文章的呼应。[②]该文同样认为国际商事法庭对于国际仲裁而言，吸取了其迅捷、方便的特质，同时又克服了其费用高昂等问题，更确切地说是相互补充的关系而非竞争关系。同时，作者也指出在国际商事法庭的进一步发展中，应考

① David Holloway, The New Chinese International Commercial Court and the Future of Dispute Resolution in the Belt and Road Initiative, in Lei Chen and André Janssen (eds.), Dispute Resolution in China, Europe and World (2020, Springer), 51-80.

② Xiangzhuang Sun, ‘A Chinese Approach to International Commercial Dispute Resolution: The China International Commercial Court’, (2020) 8 (1) *Chinese Journal of Comparative Law* 45-54. 囿于篇幅，本文与仲裁无直接相关的部分未包括在正文中。

虑与国际领先的仲裁机构合作，而非仅仅局限于目前的国内仲裁和调解机构。这对于提高我国国际商事争议解决服务水平和国际商事法庭的国际竞争力有重要意义。

八、专项仲裁

仲裁这一争议解决方式不仅在国际商事领域得到了长足发展，也在一些专门领域得到了重视。例如，Xueliang Ji 探讨了仲裁在国际税收争议中的运用，并建议我国在国际双边或多边税务关系中考虑采取强制仲裁机制。[①] 作者首先考察了国际税务实践中的多种争议解决方式及其优缺点，如本地救济、相互协商程序（mutual agreement procedure）以及仲裁。相比较而言，前二者受到涉及争议的不同国家的本地税务机关的影响较大，而当事人权利难以得到保证。因此，仲裁成为保护当事人利益的一种选择。而这可以进一步分为国际投资项下的仲裁和国际税务协定下的仲裁。前者的优势在于其不受国际税务协定关于仲裁的前置条件的影响，不受制于该纠纷是否被国内税务机关解决或通过相互协商程序解决的条件，而可依据国际投资协定下的仲裁机制提起；但其缺陷在于，很多投资协定对此进行了排除或限缩规定，因而一些争议无法通过这种方式得到救济。另外，一些国际税务协定也提供了仲裁作为争议解决的方式，作为本地救济和相互协商程序的补充。作者建议我国在国际税务协定中采纳强制仲裁方式，因其能够对当事人提供更好地保护。作者建议，对金额较小的简单税务争议采取"底价仲裁"方式（Baseball arbitration，or last-best offer arbitration），即仲裁庭从双方税务机关提供的争议解决方案中择一；而对金额较大的复杂税务争议采取独立仲裁方式，由仲裁庭对救济方案作出决定。此外，作者提出可以以自贸区为试点开展税务仲裁的相关实践，从而在随后的投资协定制定中将其逐步落实，实现与国际实践的进一步接轨。

投资者—东道国仲裁既具有国际仲裁的一些共同特质，在实体法层面上又属于国际投资法的范畴，其近年来的发展以及我国对其的参与也得到了

① Xueliang Ji，'The Changing Paradigm of International Tax Dispute Settlement：What are the Promises and Challenges of Mandatory Arbitration for China?'，(2020) 21 *Oregon Review of International Law* 117–154.

广泛关注。Yuwei Liu 考察了 ICSID，UNCITRAL 以及贸仲投资仲裁规则在“一带一路”相关投资仲裁语境中的优缺点。[①] 作者认为，ICSID 仲裁的优势在于其能够提供一个相对独立且完整的仲裁体系，由独立的机构进行管理和监督，而不受任何特定法域的局限。其仲裁裁决具有终局效力，且由于成员国已经加入《华盛顿公约》，具有执行仲裁的国际义务。与此同时，其被中国和很多“一带一路”沿线国广泛接受，故在选择方面容易达成一致。但其存在费用高昂，案件程序时间长等问题，并且由于个案的裁判之间缺乏一致性而被广泛批评。与此相比，UNCITRAL 规则下的临时仲裁具有灵活性，其表现在诸多方面，如当事人提出对仲裁员的回避请求的标准更低，其不需要当事方成为特定公约的成员国，程序上因没有机构参与而更为简单，成本也较低。然而，从另一角度看，由于没有国际公约作为支撑，其仲裁裁决的可执行性缺乏更高程度的保障。尤其在我国加入《纽约公约》时所作的商事保留和坚持绝对主权豁免的前提下，投资仲裁裁决能否顺利执行存在不确定性。而其裁决也缺少类似 ICSID 的撤销审查（annulment），或者其他上诉机制，其仲裁程序的实践也表明，费用和效率问题广泛存在。此外，由于我国法律层面并不承认临时仲裁，其仲裁相关法律与国际通行的规则也存在一定差距，UNCITRAL 仲裁规则能否在我国语境下顺利运行或者被我国当事人接受也存在一定障碍。与之相比，贸仲所推出的《中国国际经济贸易仲裁委员会国际投资争端仲裁规则（试行）》更适应我国的法律体系和语境。例如，贸仲提供了更多中国籍或熟悉中国语境的仲裁员，其收费也显著低于国际投资仲裁的普遍水平，其规则还提供了新近仲裁实践中出现的合并仲裁、第三方资助仲裁等较为先进的规则，为当事人使用这些仲裁的新机制提供了明确基础。此外，当事人还可以选择贸仲香港分会，以规避我国《仲裁法》中一些不符合投资仲裁运行的限制。其规则中符合我国文化和仲裁实践的部分也能更好地适应我国当事人的期待。然而，其问题主要在于我国仲裁机构欠缺投资仲裁的相关实践，我国目前的投资协定中往往选择 ICSID 或 UNCITRAL 仲裁，也没有明文选择贸仲，仅在新近的一些投资协定中允许了当事人选择其他机构，为其提供了可能。而 ICSID 和 UNCITRAL 规则

---

① Yuwei Liu, ‘Selecting an Investor-State Arbitration Mechanism for Disputes Arising under China’s Belt and Road Initiative Projects’, (2020) 34 (2) *Emory International Law Review* 639-672.

下的投资仲裁均存在一定的不足。尤其是在“一带一路”背景下，一方面ICSID仲裁并未被所有沿路国家所接受，另一方面国际投资仲裁的费用和效率问题对于发展中国家十分显著，而贸仲在商事仲裁方面具有良好声誉，费用上的优势和文化上的优势等均可以为我国仲裁机构走向投资仲裁市场提供契机。

Wei Shen从Hela Schwarz GmbH v PR China一案的角度出发，研究了投资仲裁中并行程序（parallel proceedings）的相关法律问题。[①] 在本案中，外国投资者因涉及强制拆迁问题，首先通过我国的行政诉讼程序寻求救济，然而两审均败诉。投资者随后依据中德BIT提出ICSID仲裁请求，并申请维持原状的临时措施。作者认为，并行程序问题在国际仲裁中并不鲜见，其中的管辖权和既判力问题一直是实践中的难点。这一仲裁程序问题在投资仲裁语境中也得到了凸显。为应对此种问题，不同的投资协定文本采取了不同的做法，如穷尽地方救济条款，或者岔路口条款等。在此基础上，作者考察了我国投资协定中的几种具有代表性的文本，一为争议无法在一定时间框架内以国内途径得以解决，则当事人有权提起投资仲裁，此为我国早期投资协定常用的方式；这种做法的问题在于其未能要求当事人退出国内的争议解决途径，故而不能排除并行程序的存在。二为如果当事人能够撤销国内诉讼，则有权提起投资仲裁，此为我国21世纪初在投资协定中逐步采取的模式，其对于终结国内程序的要求比第一种方式更高。然而，这一文本的问题在于其文本具有一定的模糊性，而且我国国内行政诉讼法下一些程序终结需要经过法院批准。因此，在具体案件中，当事人如何获得提起仲裁权利，例如，是以其有提出撤销的权利为基础，还是以其最终成功撤销国内诉讼为基础，仍有待投资仲裁相关案件中的进一步解释。例如在Hela案中，涉案的投资协定采取的即是类似的模式，[②] 而具体事实情况为当事人的国内诉讼已经两审终结，在此情况下是否将其提起再审的权利考虑在内，并认为其仍具有撤回诉讼的权利从而

---

① Wei Shen，‘Parallel Proceedings under Chinese BITs：The Case of Hela Schwarz GmbH v PR China’，（2020）11（2）Journal of International Dispute Settlement 335-363.

② 《中华人民共和国和德意志联邦共和国关于促进和相互保护投资的协定的议定书》第6条第3款，“in case the issue has been brought to a Chinese court，it can be withdrawn by the investor according to Chinese law”。

具有提起ICSID诉讼的资格，仍有待仲裁庭对本案管辖权的决定。三为广泛存在于国际实践的岔路口条款，即要求当事人在争议解决的初始阶段即对使用国内救济还是提起投资仲裁作出选择，其对并行程序的排除比较有效。然而这一条款并未在我国的投资协定中广泛使用，大多数文本也未能排除当事人采取非诉讼的国内救济方式，或者其文本存在一定的模糊性，有待仲裁庭的进一步解释；而仲裁庭在实践中往往倾向于有利于建立自己管辖权的解释方式，在实践中也存在一定的问题。此外，还存在最惠国待遇是否可适用于程序性权利，如提起并行程序的权利的问题。作者观察到，在近期的投资协定文本起草和谈判中我国已经逐渐采取了限制并行程序的做法。作者同时指出，在涉及国家公共利益的纠纷的投资仲裁中如何保证公正，如何取得投资者和东道国利益的平衡，也是在制度构建时在国内救济和投资仲裁中做出取舍的关键点。

Leon E. Trakman，Qiao Liu，Lei Chen从比较法角度系统地考察了我国投资仲裁的发展。[①] 作者系统分析了与我国有关的投资仲裁案件的状况。总体而言，我国被诉的案件较少，其原因有诸多方面，比如投资者往往依赖于我国进行长期投资，而不想破坏这一长期合作关系；我国政府对于相关诉求准备充足；早起的双边投资协定中，仲裁条款的范围较为局限；以及投资者往往倾向于选择谈判或和解等。由于经由其他途径得到解决的投资争议，如谈判、本地诉讼和仲裁等，均难以得到系统报告与分析，其具体缘由无法进行进一步的考察。另外，我国当事人在提起投资仲裁方面也已经有了一些尝试，其对投资仲裁的关注和依赖程度在近几年逐步提升。作者还认为，随着投资仲裁理论与实践在我国的发展，也将会有更多的我国专家成为投资仲裁员。最后，作者认为我国在未来不会轻易退出投资仲裁机制，这从我国大量以投资仲裁为基础的投资协定、不断调整的投资协定文本和谈判策略上有所体现。作者认为，我国大量不尽一致的投资协定中关于投资仲裁的规定以及投资仲裁本身的分散性，使得未来短期内我国相关的投资仲裁案例对统一国际仲裁法律理论体系的贡献较为有限。而从另一个角度而言，我国政策制定者对投资仲

① Leon E. Trakman，Qiao Liu，Lei Chen，Investor-State Arbitration in China：A Comparative Perspective，in Lei Chen and André Janssen (eds.)，Dispute Resolution in China，Europe and World (2020，Springer)，231-261.

裁的依赖程度有限，其同时也在投资协定的文本制定和谈判中充分考虑和使用其他的争议解决方式。总体而言，我国的投资仲裁实践符合国际上投资仲裁发展的大趋势，随着我国经济的发展和国际合作的加强，以及在从资本输入国到输出国方面的角色转变，其对投资仲裁的参与度以及受到的关注程度也在逐步增长。作者认为，这将促使我国在投资协定起草中对投资仲裁机制的进一步发展。

结　语

本文所归纳总结的英文文献从不同的角度出发，以传统或新颖的研究方式探讨了我国仲裁理论和实务中的不同命题。这不仅为国际读者展示了我国仲裁的现状，也为国内读者展现了我国仲裁在国际语境下的独特面貌。这些文献展现出国际语境下我国仲裁的面貌和问题，体现了国际市场和学界对我国仲裁的关注点，也体现出研究和发展的热点。例如，“一带一路”所带来的争议解决市场的变化和制度的变革构成了我国仲裁发展的大背景，也是我国仲裁与国际仲裁市场接轨的重要契机。在这一背景下，我国仲裁市场的规制者、实务工作者如何推动其发展，和国际领先的实践模式看齐，而同时保有我国独有的立场和特色，成为不同文献折射出的共同命题。无论是对我国仲裁发展趋势的探讨，外国机构仲裁和临时仲裁在我国发展的前景，还是仲裁实践中亟待解决的实体法或程序法问题，乃至对我国法院的仲裁裁决司法审查制度的讨论等，都是对这一共同命题的不同角度的探索。这不仅更新了国际市场对于我国仲裁的认知，其所提供的丰富材料与探讨问题的角度对于国际和国内的从业者具有一定的启发性，也有利于国内与国际学者和实务从业者进一步加强沟通交流，促进我国仲裁事业走向世界，深度参与国际仲裁共同体的发展。在我国《仲裁法》和仲裁制度即将面临立法改革的语境下，对国内外学者与从业者对于我国现有仲裁制度与实践的意见以及反馈进行充分的了解与探讨也具有相当积极的意义。从这一角度来说，笔者也希望这系列的文献综述能促进关于国际仲裁的多维度沟通，也希望国内理论和实务从业者多多参与，在国际舞台上进一步展现我国仲裁高速发展的新面貌。

仲裁法中的强制性和任意性规则

廖　鸣*

● 摘要

仲裁法中的规定是强制性还是任意性规则？仲裁委员会的仲裁规则是否可以作出不同于仲裁法规范的规定？当事人订立的仲裁协议或者仲裁条款有多大程度的意思自治空间？本文以强行法、任意法区分的理论为出发点，以现行《中华人民共和国仲裁法》规定为基础，从规范用语及司法实践层面解读其中强制性和任意性规范，并以英国1996年《仲裁法》关于强制性规范规则进行比较法的分析，对在我国仲裁法下进行强制性和任意性规范区分提出建议。这也是2021年7月底司法部公布的《中华人民共和国仲裁法（修订）（征求意见稿）》的修法方向之一。

● 关键词

仲裁法　仲裁规则　强制性规则　任意性规则

Abstract: Are the provisions in the arbitration law mandatory or arbitrary? To what extent can arbitration rules of Arbitration Commissions make provisions different from those of the Arbitration Law? To what extent does the arbitration agreement or arbitration clause concluded by the parties

* 廖鸣，泰和泰（北京）律师事务所合伙人，北京仲裁委员会/北京国际仲裁中心仲裁员。

have autonomy of will? Based on the theory of the distinction between mandatory law and arbitrary law, and based on the provisions of the current Arbitration Law, this article interprets the mandatory and arbitrary norms in the Law from the aspects of normative language and judicial practice, and makes a comparative analysis of the mandatory rules in the English Arbitration Law 1996. Above that, this article puts forward some suggestions on the distinction between mandatory and arbitrary provisions under China's Arbitration Law. This is also one of the development directions of the draft amending version for Arbitration Law of the People's Republic of China published by the Ministry of justice at the end of July 2021.

Key Words: arbitration law, arbitration rule, mandatory provisions, default provisions

仲裁法中的规定是强制性还是任意性规则？仲裁委员会的仲裁规则是否可以作出不同于仲裁法规范的规定？当事人订立的仲裁协议或者仲裁条款是否可以作出不同于仲裁法、仲裁规则的约定？进而言之，仲裁法中的哪些规定是强制性的，仲裁委员会的仲裁规则在接受仲裁法约束和给予当事人自治权利之间的规则有多大空间，当事人的仲裁协议或者仲裁条款在何种程度上可以实行意思自治原则？以上是仲裁领域中不可回避的问题。

针对以上问题的回答涉及强制性规则和任意性规则的区分。一般来说，仲裁程序开始、任命仲裁员的方式在当事方仲裁协议的约定范围内；尽管仲裁程序表面上与法院诉讼相似，但更恰当的是将仲裁视为合同的产物。[①] 仲裁的合同属性决定了争议当事方可能就包括程序、实体在内的各种事项进行约定。如果把仲裁合同亦作为合同的一种，那么可以自由约定的边界不能突破法律的强制性规则。仲裁适用强制性法律规则的责任得到法律学者和国家法院的广泛承认。[②]

① Andrew T. Guzman, "Arbitrator Liability: Reconciling Arbitration and Mandatory Rules", *Duke Law Journal*, *Mar.*, *2000*, *Vol. 49*, *No. 5*(*Mar.*, *2000*), p.1316.

② Gustavo Gaspar NOGUEIRA, "The Protection of Public Interest in Contract-Based Arbitration with Public Entities: A Comparative Analysis of the English and Brazilian Legal Systems", *Arbitration*: *The Int'l J. of Arb.*, *Med. & Dispute Mgmt 86*, *no. 2*(*2020*), p.113.

因为仲裁需要当事人的同意，所以只有当当事人倾向于仲裁条款而不是在法庭上解决争议时，仲裁协议才存在。同意的必要性意味着，当一项交易的当事方是唯一受该交易影响的当事方时，也就是说，在没有外部性的情况下，应允许当事方同意的任何形式的争端解决办法。然而，如果仲裁被用来避免旨在成为强制性的法律规则，它就规避了旨在防止成本外部化到第三方的规则，这破坏了旨在使私人成本与社会福利相一致的强制性法律。① 因此，仲裁当事人可以避免适用的规则，不论是实体法的适用，还是仲裁程序的选择，均应有明确的强制规则作为指导。本文即着重于仲裁程序法，即《中华人民共和国仲裁法》（以下简称中国《仲裁法》）上的强制性规范进行讨论。

一、目前中国《仲裁法》中的强制性规则

（一）文义解释下的强制性规则

1. 文义下的强制性规则

现行中国《仲裁法》② 共 8 章，80 条。条文用词包含有“不能”“不予”“应当”③ 等文义解释应为强制性规则的条文，共 53 条，④ 规范涉及的内容包括：可仲裁案件的范围、仲裁协议及效力、仲裁委员会选定、仲裁审理依据、一裁终局、仲裁委员会的设立和条件、仲裁员条件、仲裁协议内容、法定仲裁程序、

---

① Andrew T. Guzman, “Arbitrator Liability: Reconciling Arbitration and Mandatory Rules,” *Duke Law Journal*, *Mar.*, *2000*, *Vol. 49*, *No. 5*（*Mar.*, *2000*）, p.1285.

② 1994 年 8 月 31 日第八届全国人民代表大会常务委员会第九次会议通过，根据 2009 年 8 月 27 日第十一届全国人民代表大会常务委员会第十次会议《关于修改部分法律的决定》第一次修正，根据 2017 年 9 月 1 日第十二届全国人民代表大会常务委员会第二十九次会议《关于修改〈中华人民共和国法官法〉等八部法律的决定》第二次修正。

③ 参见谢晖：《“应当参照”否议》，载《现代法学》2014 年第 2 期；王敏：《法律规范中的“必须”与“应当”辨析》，载《法学》1996 年第 8 期。但是，《仲裁法》第 39 条，“仲裁应当开庭进行。当事人协议不开庭的，仲裁庭可以根据仲裁申请书、答辩书以及其他材料作出裁决”，依据文义，第一句似应理解为强制性规则，但第二句，允许当事人约定偏离；第 54 条，“裁决书应当写明仲裁请求、争议事实、裁决理由、裁决结果、仲裁费用的负担和裁决日期。当事人协议不愿写明争议事实和裁决理由的，可以不写”，第一句似应理解为强制性规则，但第二句，允许当事人约定偏离。

④ 第 3—11 条、第 13 条、第 16—17 条、第 20—26 条、第 28 条、第 31—35 条、第 37—38 条、第 41 条、第 43 条、第 45 条、第 47—48 条、第 51—53 条、第 56 条、第 58—64 条、第 68 条、第 70—72 条、第 74 条、第 76—80 条。如一条规定部分款项规定有强制性规范性质，即统计在此。

法院对仲裁的监督、仲裁时效、涉外仲裁保全和执行等。从文义看，现行中国《仲裁法》超过半数条文为强制性规范。

与强制性规范相对应，中国《仲裁法》中的任意性规范从条文数量上看是少数。任意性规范又分为两种表述形式，一是文义中包含有“可以”等任意性用语；[①] 二是文义用语允许当事人约定选择适用，仅在当事人没有另行约定时作为默认规则适用。[②]

2. *对隶属于强制性规则或任意性规则存疑的规则*

中国《仲裁法》的下列条款规定中，用语并未包含强制性规范的通常性用语，这些规范的性质，是属于任意性规则还是强制性规则，是否允许仲裁委员会仲裁规则或者当事人另行约定，不无疑问。

（1）第19条第1款，[③] 关于仲裁协议效力独立性的规范，当事方可否在合同中约定仲裁协议、仲裁条款与合同其他部分效力一致，合同的变更、解除、终止或者无效，影响仲裁协议的效力。

（2）第36条，[④] 关于仲裁员回避的决定权，仲裁委员会的仲裁规则是否可以作出与第36条不同的规定，即当事方是否可以另行约定仲裁员回避的决定权归于仲裁委员会主任外的其他人。

（3）第57条，[⑤] 关于裁决书发生法律效力的日期，仲裁委员会的仲裁规则是否可以作出与第57条不同的规定。

3. *对仲裁委员会仲裁规则以及当事人意思自治的赋权性规则*

中国《仲裁法》中对仲裁规则的赋权规则，形式上为强制性、内容上为任意性，即形式上仲裁规则对被赋权的内容须要有规定，但规定的具体内容可以灵活；对当事人约定的赋权规则，本质上是任意性规则。这两种赋权规则，

---

① 例如，《仲裁法》第2条：“平等主体的公民、法人和其他组织之间发生的合同纠纷和其他财产权益纠纷，可以仲裁。”

② 例如，《仲裁法》第40条：“仲裁不公开进行。当事人协议公开的，可以公开进行，但涉及国家秘密的除外。”

③ 《仲裁法》第19条第1款：“仲裁协议独立存在，合同的变更、解除、终止或者无效，不影响仲裁协议的效力。”

④ 《仲裁法》第36条：“仲裁员是否回避，由仲裁委员会主任决定；仲裁委员会主任担任仲裁员时，由仲裁委员会集体决定。”

⑤ 《仲裁法》第57条：“裁决书自作出之日起发生法律效力。”

从条文数量上看，非常有限。

其中对仲裁委员会仲裁规则的赋权性规范主要包括期限事项，具体如下：（1）仲裁委员会将仲裁规则和仲裁员名册送达申请人的期限，将仲裁申请书副本和仲裁规则、仲裁员名册送达被申请人的期限，被申请人收到仲裁申请书副本后向仲裁委员会提交答辩书的期限，以及仲裁委员会收到答辩书后将答辩书副本送达申请人的期限。①（2）当事人约定仲裁庭组成方式或者选定仲裁员的期限。②（3）仲裁委员会将开庭日期通知当事人的期限，当事人有正当理由请求延期开庭的期限。③（4）仲裁费用的交纳期限。④

对当事人的赋权事项包括：（1）约定不开庭审理的权利。⑤（2）约定仲裁公开进行的权利。⑥（3）当事人在仲裁过程中进行辩论的权利。⑦（4）当事人和其他仲裁参与人认为对自己陈述的记录有遗漏或者差错的，申请补正的权利。⑧

中国《仲裁法》对当事人约定有赋权性规范的，仲裁规则应注意不对当事人约定权利进行强制性限制或者剥夺。

总体来看，中国《仲裁法》对当事人赋权性规范条文和范围略显薄弱，对当事人选择仲裁程序重要的自治权体现——仲裁庭的组成，中国《仲裁法》第31条、第32条规定从用语上看是强制性规范；再加上目前中国仲裁机构仲裁规则对仲裁庭的组成规定的也是强制性规范，甚至相同情形下强制性规范的内容并不完全统一，带来的后果很可能是仲裁程序中甚至裁决书作出后，

① 《仲裁法》第25条。仲裁规则须有这些规则，并不意味着这些规则的内容必须是强制性的。本文后述会提到，仲裁委员会规则必须有将仲裁规则和仲裁员名册送达申请人的期限规定，并不一定意味着期限是强制性的，期限可以有一定灵活性。

② 《仲裁法》第32条。

③ 《仲裁法》第41条。

④ 《仲裁法》第76条。

⑤ 《仲裁法》第39条。

⑥ 《仲裁法》第70条。

⑦ 《仲裁法》第47条第1款。

⑧ 《仲裁法》第48条第1款。

当事人主张仲裁庭的组成违法或者违反仲裁规则。[①] 而其中的根本问题是中国《仲裁法》对当事人以上自治权赋权不足，关于仲裁庭组成的规范从仲裁的性质和目的上来看，宜作为任意性规范，在当事人没有另行约定时作为默示规范适用，而不宜作为强制规范适用。

（二）司法实践中的强制性规则

违反强制性规则，理论上会带来的后果是司法认定裁决在效力上存在瑕疵，即法院撤销或者不予执行裁决。但是在中国目前的法律框架下，撤裁或者不予执行等对仲裁的救济事由是明确罗列的，主要事由限于仲裁协议无效、超裁、违反法定程序、伪造证据、隐瞒证据以及索贿受贿等。[②]

---

① 《仲裁法》第31条第1款规定，“当事人约定由三名仲裁员组成仲裁庭的，应当各自选定或者各自委托仲裁委员会主任指定一名仲裁员，第三名仲裁员由当事人共同选定或者共同委托仲裁委员会主任指定。第三名仲裁员是首席仲裁员”；第32条规定，“当事人没有在仲裁规则规定的期限内约定仲裁庭的组成方式或者选定仲裁员的，由仲裁委员会主任指定”。假设当事方约定由三名仲裁员组成仲裁庭，各自选定一名仲裁员的话，如果被申请人包含多人，未能共同选定一名仲裁员，而申请人选定了一名仲裁员，适用中国仲裁机构仲裁规则（比如贸仲2015年仲裁规则第29条第3款）由仲裁委员会主任指定仲裁庭三名仲裁员，则以上操作是否与《仲裁法》第31条第1款、第32条相符则不无疑问。毕竟第31条第1款规定了每方当事人的选定仲裁员权利，第32条规定了只有在当事人没有在期限内选定仲裁员，仲裁委员会主任才能“接管”该方指定仲裁员的权利。而申请人在期限内选定了仲裁员，仲裁委员会主任依据仲裁规则“推翻”其选定，似无《仲裁法》下的依据。因此，如果多方当事人在仲裁条款约定由三名仲裁员组成仲裁庭，各自选定一名仲裁员，产生争议进入仲裁程序后，贸仲依据其仲裁规则第29条由仲裁委主任指定全部仲裁员，则选定仲裁员的一方理论上可以依据《仲裁法》第31条第1款、第32条到法院对组庭提出挑战。参见拙作：《多方仲裁的仲裁员选定问题》，载《北京仲裁》第113辑（2020年第3辑），第112页。实践中出现的争议案例，参见申请人张某、某控股集团（BVI）有限公司、某发展有限公司与被申请人某美食有限公司申请撤销仲裁裁决案民事裁定书（2019）最高法民特4号。

② 《仲裁法》第58条规定：“当事人提出证据证明裁决有下列情形之一的，可以向仲裁委员会所在地的中级人民法院申请撤销裁决：（一）没有仲裁协议的；（二）裁决的事项不属于仲裁协议的范围或者仲裁委员会无权仲裁的；（三）仲裁庭的组成或者仲裁的程序违反法定程序的；（四）裁决所根据的证据是伪造的；（五）对方当事人隐瞒了足以影响公正裁决的证据的；（六）仲裁员在仲裁该案时有索贿受贿，徇私舞弊，枉法裁决行为的。人民法院经组成合议庭审查核实裁决有前款规定情形之一的，应当裁定撤销。人民法院认定该裁决违背社会公共利益的，应当裁定撤销。”《民事诉讼法》第244条第1款、第2款、第3款规定：“对依法设立的仲裁机构的裁决，一方当事人不履行的，对方当事人可以向有管辖权的人民法院申请执行。受申请的人民法院应当执行。被申请人提出证据证明仲裁裁决有下列情形之一的，经人民法院组成合议庭审查核实，裁定不予执行：（一）当事人在合同中没有订有仲裁条款或者事后没有达成书面仲裁协议的；（二）裁决的事项不属于仲裁协议的范围或者仲裁机构无权仲裁的；（三）仲裁庭的组成或者仲裁的程序违反法定程序的；（四）裁决所根据的证据是伪造的；（五）对方当事人向仲（转下页）

已有实证分析指出，前述仲裁撤裁事由中，仲裁庭的组成或者仲裁的程序违反法定程序是适用占比最高的事由。1996 年至 2013 年期间，北京市二中院对北京仲裁委员会撤销的案件作为样本，仲裁庭的组成或者仲裁程序违反法定程序的事由是占据撤销比例最高的，占总撤销案件的 39.73%。[①]2015 年至 2019 年期间，威科先行法律信息库搜索全国各地法院审结的商事仲裁撤裁案件，仲裁庭的组成或者仲裁程序违反法定程序的事由撤裁占比将近 50%。[②] 其中，仲裁庭的组成违反法定程序，主要表现在以下四方面：（1）仲裁员依法应当回避而没有回避；（2）仲裁员身份的适格问题；（3）仲裁机构没有将仲裁庭的组成情况等事项书面通知当事人；（4）仲裁庭的组成不符合仲裁规则规定或者当事人明确约定。[③] 其他仲裁程序违反法定程序的情形主要包括：（1）仲裁委员会未向当事人送达仲裁员名册，导致当事人未能及时选定仲裁员；（2）仲裁委员会（仲裁庭）未将变更后的仲裁请求或者反请求送达被请求人，剥夺了被请求人的答辩权利；（3）仲裁庭对当事人提交的鉴定申请未予审查，径行裁决；（4）仲裁庭委托的鉴定机构缺乏鉴定资质。[④]

笔者对中国裁判文书网上公布的 2015 年后不予执行仲裁裁决案件进行了梳理，主要案件类型如下：（1）仲裁机构的送达不符合仲裁规则；[⑤]（2）当事人之间未达成有效的仲裁协议；[⑥]（3）仲裁机构无权仲裁；[⑦]（4）仲裁违反法定程序，主要包括：没有执行仲裁规则中要求外文资料必须附有中文译本的强

（接上页）裁机构隐瞒了足以影响公正裁决的证据的；（六）仲裁员在仲裁该案时有贪污受贿，徇私舞弊，枉法裁决行为的。人民法院认定执行该裁决违背社会公共利益的，裁定不予执行。”

① 刘晓红主编：《仲裁“一裁终局”制度之困境及本位回归》，法律出版社 2016 年版，第 65 页。

② 王雪：《仲裁裁决违反法定程序司法撤销案例研究》，西北大学硕士学位论文，第 13 页。

③ 王雪：《仲裁裁决违反法定程序司法撤销案例研究》，西北大学硕士学位论文，第 14 页。

④ 王雪：《仲裁裁决违反法定程序司法撤销案例研究》，西北大学硕士学位论文，第 23—27 页。

⑤ 北京某国际展览有限公司申请不予执行仲裁裁决案［北京市高级人民法院（2012）高执复字第 10 号执行裁定书］，王某福与广州某建设工程有限公司申请不予执行仲裁裁决 2015 执仲 13 特别程序民事裁定书（2015）穗中法执仲字第 13 号，等等。

⑥ 最高人民法院关于海南美虹集团公司申请对仲裁裁决不予执行案的复函（［2001］执他字第 7 号），陕西某置业有限公司申请不予执行仲裁裁决执行异议案（2016）陕 07 执异 9 号，等等。

⑦ 北京某装饰工程有限公司与南京某房地产开发有限公司不予执行仲裁裁决执行裁定书（2015）一中执异字第 74 号。

制性规定，[①] 当事人在申请仲裁之前签订“调解协议”，仲裁过程中没有调解过程，在此情形下出具的仲裁裁决书没有法律依据，违反法定程序，[②] 仲裁机构未向被申请人送达仲裁规则和仲裁员名册；[③]（5）裁决所依据的证据系伪造；[④]（6）违背公共利益，主要包括：变相经营借贷业务破坏金融秩序等；[⑤]（7）其他事由，包括：仲裁裁决内容表述不清无法执行、[⑥] 裁决认定事实主要证据不足等。[⑦] 以上类型，除违背公共利益（涉及法院对实体审理的监督）外，其他均涉及程序性强制规则的违反，特别是其中第（4）项，违反法定程序。

从之前关于撤裁的研究文献，以及笔者初步检索的不予执行仲裁裁决案件来看，仲裁庭的组成以及违反法定程序是司法监督对仲裁裁决的主要否定性事由。虽然法律明确规定了撤裁和不予执行事由，但因其中存在“违反法定程序”一项，理论上其他仲裁法上强制性规定的违反均可以归为此项，从而被司法监督否定。实际司法审查裁定“违反法定程序”而撤裁或者不予执行的案件比例并不高；[⑧] 因此通过“违反法定程序”来保证仲裁法上强制性规则适用的情形并不多。其中一方面是体现了司法对仲裁的支持或者友好态度，另一方面是仲裁强制性规则在仲裁实践中得到较好遵守的原因。事实上，中

① 最高人民法院关于上海市第一中级人民法院驳回上海久事大厦置业有限公司、上海久茂对外贸易公司不予执行仲裁裁决申请案的复函（[2001] 执他字第15号）。

② 北京某房地产开发有限公司与太原某企业管理咨询有限公司不予执行仲裁裁决执行复议裁定书案（2013）高执复字第104号。

③ 深圳市某担保有限公司与盛某借款合同纠纷不予执行仲裁裁决裁定书（2019）渝02执908号；深圳市某担保有限公司与张某借款合同纠纷不予执行仲裁裁决裁定书（2019）渝02执904号；等等。

④ 陈某玉与陈某威、江某明申请不予执行仲裁裁决裁定书（2014）穗中法执仲字第26号。

⑤ 某融资租赁有限公司与傅某前融资租赁合同纠纷不予执行仲裁裁决裁定书（2021）渝02执711号；某融资租赁（广州）有限公司与周某蓉融资租赁合同纠纷不予执行仲裁裁决裁定书（2020）渝02执1587号；杭州某汽车租赁有限公司万州分公司与孙某琼追偿权纠纷不予执行仲裁裁决裁定书（2020）渝02执恢83号之二；深圳某融资租赁有限公司与代某堂融资租赁合同纠纷不予执行仲裁裁决裁定书（2019）渝02执456号；等等。

⑥ 青海某矿业有限责任公司申请不予执行仲裁裁决一案执行裁定书（2016）青01执异19号。

⑦ 杨某兰与广州市某建设开发有限公司不予执行仲裁裁决2012执仲10特别程序民事裁定书（2012）穗中法执仲字第10号。法院这样的审核有对仲裁进行实体审查之嫌。

⑧ 笔者检索2015年后成功不予执行案件数为40起，虽然“违反法定程序”占比最大，但总数仍较少。

国的现状在国际上并非少见。美国也有学者观察到美国现有的仲裁裁决司法审查规则不仅不足以确保强制性规则的适用，而且实际上鼓励仲裁员忽视强制性规则。[①] 英国情况亦类似，还有其仲裁法明确强制性规则的独特制度。

二、英国 1996 年《仲裁法》中的强制性规则和任意性规则

英国是仲裁制度发展较早的国家，从 1950 年开始制定成文仲裁法历经数百年发展，数次修订后，英国 1996 年《仲裁法》(以下简称英国《仲裁法》)肩负着将英国法发展作为国家宝贵财富保留的政策，[②] 并一直适用到今天。英国《仲裁法》最显著的发展和特点是将强制性规则和任意性规则进行了明确区分，充分肯定当事人在仲裁中的意思自治权；[③] 明确的强制性规范第一次被列入英国仲裁成文法中，在英国《仲裁法》的实际适用中起着核心作用。[④]

（一）英国《仲裁法》中的两分法

英国《仲裁法》涵盖基本原则、仲裁协议、仲裁程序、仲裁庭、仲裁庭的管辖权、仲裁庭权利义务、程序中止、裁决书、仲裁费用负担、裁决执行等内容，共 110 条。第 1 条（基本原则）(b）款规定："当事人应自由商定如何解决他们的争议，仅受公共利益所必需的保障措施的约束。"而其中"公共利益"的保障约束，即为第 4 条定义的强制性规范和非强制性规范区分：(1）所有强制性规范条文列于附表 1，在当事人做任何约定情形下，这样规范均具有法律效力；(2）附表 1 以外的条文，当事人可以协议约定其他安排，在当事人没有另行约定时默认适用；(3）当事人可以通过约定适用机构仲裁规则或者适用任何其他决定事项的方式作出此种安排；(4）当事人对仲裁协议适用法律可以选择英国之外法律；(5）对于附表 1 以外的条文所规定的事项，可以选择英国以外的法律作为适用法律，这也相当于当事人就该事项作出不适用

① Andrew T. Guzman, "Arbitrator Liability: Reconciling Arbitration and Mandatory Rules," *Duke Law Journal*, *Mar.*, *2000*, *Vol. 49*, *No. 5*(*Mar.*, *2000*), p.1281.

② Agustin R Spotorno, "Arbitration and the development of English law," *Arbitration 2019*, *85*(*2*), p.112.

③ Agustin R Spotorno, "Arbitration and the development of English law," *Arbitration 2019*, *85*(*2*), p.113.

④ Harris, Bruce, et al. *The Arbitration Act 1996*: *A Commentary*, John Wiley & Sons, Incorporated, 2014, p.41.

默示规则的安排。

因此，英国《仲裁法》可以理解为包括两部分，一部分是非强制性适用的默示条文——这部分当事人可以自由约定，包括仲裁机构规则，甚至其他国家仲裁法在当事人之间适用。为充分体现第1条（b）款的基本原则，英国《仲裁法》的大部分条款是非强制性的。[①]另一部分是强制性适用的法律条文。

（二）英国《仲裁法》中的强制性规则

英国《仲裁法》附表1规定的强制性规范[②]包括：第9—11条（因为对仲裁管辖权的挑战导致仲裁）法律程序的中止，第12条法庭延长当事方同意时限的权力，第13条诉讼时效法的适用，第24条法庭赶走仲裁员的权力，第26（1）条仲裁员死亡的效力，第28条当事方负担仲裁员仲裁费和支出的责任，第29条仲裁员免责，第31条对仲裁庭实体争议管辖权的异议，第32条（法庭对）仲裁庭实体争议管辖权的初步认定，第33条仲裁庭的一般义务，第37（2）条仲裁员的支出，第38条当事方的一般义务，第43条保证证人参与仲裁程序，第56条（仲裁庭）在未获得支付时可以留滞裁决的权力，第60条支付仲裁费用协议的效力，第66条仲裁裁决的执行，第67条、第68条对裁决的挑战：实体管辖权和严重异常，第70条、第71条补充条款：法庭命令的效力，第72条未参与仲裁程序的当事方的权利，第73条异议权利的失权，

---

① Harris, Bruce, et al. *The Arbitration Act 1996: A Commentary*, John Wiley & Sons, Incorporated, 2014, p.42.

② SCHEDULE 1 Mandatory provisions of Part I sections 9 to 11 (stay of legal proceedings); section 12 (power of court to extend agreed time limits); section 13 (application of Limitation Acts); section 24 (power of court to remove arbitrator); section 26 (1) (effect of death of arbitrator); section 28 (liability of parties for fees and expenses of arbitrators); section 29 (immunity of arbitrator); section 31 (objection to substantive jurisdiction of tribunal); section 32 (determination of preliminary point of jurisdiction); section 33 (general duty of tribunal); section 37 (2) (items to be treated as expenses of arbitrators); section 40 (general duty of parties); section 43 (securing the attendance of witnesses); section 56 (power to withhold award in case of non-payment); section 60 (effectiveness of agreement for payment of costs in any event); section 66 (enforcement of award); sections 67 and 68 (challenging the award: substantive jurisdiction and serious irregularity), and sections 70 and 71 (supplementary provisions; effect of order of court) so far as relating to those sections; section 72 (saving for rights of person who takes no part in proceedings); section 73 (loss of right to object); section 74 (immunity of arbitral institutions, &c.); section 75 (charge to secure payment of solicitors' costs).

第 74 条仲裁机构的免责，第 75 条确保律师费用支付。

从以上可看出，强制性规范主要可以分为如下几类：一是关于法庭对仲裁的监督（第 9—12 条、第 32 条、第 66—68 条、第 70 条、第 71 条补充条款）；二是关于仲裁机构、仲裁庭、仲裁员的基本权利、义务［第 26（1）条、第 28—29 条、第 33 条、第 37（2）条、第 56 条、第 74—75 条］；三是关于仲裁程序的基本规范（第 13 条、第 31 条、第 38 条、第 43 条、第 72—73 条）。当事人的仲裁协议基本不适用强制性规范（除第 60 条外）。

就其中法庭对仲裁的监督而言，英国《仲裁法》对程序问题和裁决适用法律的实体问题进行了区分。第 69 条就仲裁实体问题上诉法庭的规定，并未作为强制性规范，当事方可以排除适用；第 68 条规定了程序异常，当事人可以向法庭申请发回仲裁庭重审或者撤裁，作为强制性规范。

（三）英国《仲裁法》中强制性规则的适用

与中国情况相同，在英国法的实践中，违反英国《仲裁法》强制性规则似乎与司法对仲裁监督的撤裁或者发回仲裁庭重新审理不能完全画等号。英国《仲裁法》第 68 条是关于程序问题撤裁或者发回重新审理的统领性条款，涵盖了 9 种情形。① 实践中，英国法院总体上尽量支持仲裁，而对第 68 条持保守态度，主张对实质性不公正的检验是为了支持仲裁程序，而不是干扰仲裁程序。② 被投诉的行为不仅必须是英国《仲裁法》规定的“严重违规”，而且还必须引起实

---

① 第 68 条第 2 款规定了具体的程序异常行为如下：（2）Serious irregularity means an irregularity of one or more of the following kinds which the court considers has caused or will cause substantial injustice to the applicant—（a）failure by the tribunal to comply with section 33（general duty of tribunal）;（b）the tribunal exceeding its powers（otherwise than by exceeding its substantive jurisdiction: see section 67）;（c）failure by the tribunal to conduct the proceedings in accordance with the procedure agreed by the parties;（d）failure by the tribunal to deal with all the issues that were put to it;（e）any arbitral or other institution or person vested by the parties with powers in relation to the proceedings or the award exceeding its powers;（f）uncertainty or ambiguity as to the effect of the award;（g）the award being obtained by fraud or the award or the way in which it was procured being contrary to public policy;（h）failure to comply with the requirements as to the form of the award; or（i）any irregularity in the conduct of the proceedings or in the award which is admitted by the tribunal or by any arbitral or other institution or person vested by the parties with powers in relation to the proceedings or the award。

② Laurence Shore and Gearoid Carey, “Procedural irregularity: setting aside or remitting awards under English or Irish law–a comparative assessment,” *Int. A.L.R. 2005*, *8*（*2*）, p.60.

质性的不公正。因此，英国法律对依赖程序违规的撤销或者发回重审的申请采取限制性做法，只有在特殊情况下才会援引第 68 条规定的权力。[①]

英国《仲裁法》第 69 条允许当事方就仲裁裁决中的法律问题向法庭进行救济诉讼。第 69 条是任意性条款，仲裁规则或者当事人合意可以排除其适用。大多数机构规则的选择自动排除了任何一方诉诸第 69 条的可能性，比如《伦敦国际仲裁院 2014 年仲裁规则》第 26（8）条和《国际商会 2017 年仲裁规则》第 35（6）条。这在实践中大大缩小了法院对公法强制性条款适用的监督范围。实践中英国法院同意仲裁法律实体问题上诉的情形非常少，每年基本不超过 10 起。[②] 鉴于公法和私法之间的区分在英国法律体系中发展较晚，未适用强制性公法尚未被英国判例法解释为违反公共政策的严重违规案件。[③] 英国的法律制度在通过裁决后司法审查确保公法强制性规则的适用方面都面临某些限制。对仲裁裁决进行全面审查，包括对裁决的是非曲直进行审查，与仲裁作为一种争端解决方法的效力不符。正是这种对效率的渴望——仲裁框架所固有的——阻碍了法院对公法强制性条款应用的全面监督。[④]

因此，英国法院对仲裁程序、实体法适用的审查在实践中均呈现非常审慎的态度，通过法院监督——发回仲裁庭重审或撤裁——来保障仲裁法中强制性规则的执行也并不多见。背后的原因可能是英国法院对仲裁的友好态度，而英国《仲裁法》对强制性规则的明确规定，增强了当事人遵守的预期，亦有不可否认的贡献。[⑤]

---

① Laurence Shore and Gearoid Carey，"Procedural irregularity：setting aside or remitting awards under English or Irish law-a comparative assessment，" *Int. A.L.R. 2005*，*8*（*2*），p.63.

② Gustavo Gaspar NOGUEIRA，"The Protection of Public Interest in Contract-Based Arbitration with Public Entities：A Comparative Analysis of the English and Brazilian Legal Systems，" *Arbitration*：*The Int'l J. of Arb.*，*Med. & Dispute Mgmt 86*，*no. 2*（*2020*），p.118.

③ Gustavo Gaspar NOGUEIRA，"The Protection of Public Interest in Contract-Based Arbitration with Public Entities：A Comparative Analysis of the English and Brazilian Legal Systems，" *Arbitration*：*The Int'l J. of Arb.*，*Med. & Dispute Mgmt 86*，*no. 2*（*2020*），p.117.

④ Gustavo Gaspar NOGUEIRA，"The Protection of Public Interest in Contract-Based Arbitration with Public Entities：A Comparative Analysis of the English and Brazilian Legal Systems，" *Arbitration*：*The Int'l J. of Arb.*，*Med. & Dispute Mgmt 86*，*no. 2*（*2020*），p.118.

⑤ Harris，Bruce，et al. *The Arbitration Act 1996*：*A Commentary*，John Wiley & Sons，Incorporated，2014，p.42.

三、如何理解仲裁法上的强制性和任意性规则

学者对仲裁的关注和批评经常聚焦在仲裁缺乏法治、透明度、遵守社会规范等实现司法系统公共目的的必要元素问题上。[①]这要求立法机关在设计《仲裁法》强制性规范、仲裁机构在制定强制性规则中，特别注意。如果设计不当，它可能会产生对实质性公平的影响，妨碍参与者充分参与表达自己的观点，妨碍争端得到快速有效的处理，当然也会妨碍广大公众获得争端解决的机会。

（一）当事人在仲裁程序中的意思自治边界

当事人仲裁协议约定的内容可能与国家仲裁程序法的条款发生冲突。关于如何解决这个问题，有两种看法。第一种看法可以被描述为“本土化”（localised）的领土主义模式，即当事人的协议从属于仲裁法，并且必须在发生冲突时让步，至少在当地法律的基本或强制性规定方面。第二种看法可以被描述为“非本地化”（delocalised）或非国家模式，认为当事人可以通过选择一套仲裁规则，选择“退出”仲裁地的国家程序法。这种“非本地化”方法将当事人的自主权发挥到极致，表明当事人的协议可能优于国家立法。实际上，当事人可以在不考虑当地法律规则的情况下制定自己的程序法。尽管当事人的仲裁协议中有相反的规定，但如果仲裁法不支持仲裁并为当地法律提供充足的干预空间，则这两种观点之间的差异可能会很大。在这种情况下，仲裁庭所适用的程序法律性质将出现明显差异：在“本土化”模式下，当地仲裁法律得到全面执行，当事人约定的规则可能会因适用当地强制性规则而在很大程度上变得无效；而在“非本土化”模式下，仲裁地的当地国家法律几乎被排除在外，仲裁主要按照当事人协议的规则进行。相比之下，[②]在这样的理念下，“非本土化”国家认为仲裁裁决具有独立人格，一旦被作出即与仲裁地国家脱离关系，甚至可能执行已被仲裁地国家撤销的仲裁裁决。

以上“非本土化”模式过于激进，但不可否认，国际仲裁比较法上普遍

① Jean R. Sternlight, “Creeping Mandatory Arbitration: Is It Just?,” *Stanford Law Review*, *Apr.*, *2005*, *Vol. 57*, *No. 5*, *2005 Stanford Law Review Symposium*: (*The Civil Trial*: *Adaptation and Alternatives*)(*Apr.*, *2005*), p.1670.

② Richard Garnett, “International Arbitration Law: Progress Towards Harmonisation,” *3 Melb. J. Int'l L. 400*, p.407.

接受的原则，最突出的是程序自治——当事人有权选择他们认为合适的程序进行仲裁。当事人可以通过合同约定，也可以通过选择特定机构仲裁规则来实现其选择自由。很多国家仲裁法律在最近发展中都扩大当事人的自治权，只要当事人自治不违反“适当程序”。[①] 当事人“意思自治”的影响以及国家对仲裁程序监管的弱化也可以从国际仲裁领域存在的一系列国际法典和协议，包括《纽约公约》《联合国国际商事仲裁示范法》等中看出。[②]《联合国国际商事仲裁示范法》多是对当事人赋权的任意性规则，作为当事人没有另行约定的模式适用，其中很少有当事人不能排除适用的强制性规则。[③] 英国《仲裁法》是接受《联合国国际商事仲裁示范法》影响的一个明显示例，明确标识并尽量减少强制性规则。[④]

相比较而言，目前中国《仲裁法》对当事人意思自治的赋权和确认内容有限，任意性规则偏少。

（二）仲裁法上强制性规则和任意性规则分类

从我国、英国的仲裁法律规定和实践来看，仲裁法上强制性规范与司法监督上的撤裁、不予执行或者发回仲裁庭重新审理并不完全对应。司法监督实践的撤裁主要针对的是撤裁条款特别指向的程序违法情形。[⑤] 在缺乏司法否定性后果情形下，保留大量强制性条款是否必要，亦值得认真考虑。

仲裁法上的规则，可以分为以下四大类：一是关于仲裁委员会、法院等公法或者准公法机构，[⑥] 二是仲裁程序，三是仲裁协议，四是对仲裁机构仲裁规

① Gabrielle Kaufmann-Kohler，“Globalization of Arbitral Procedure”，*Vanderbilt Journal of Transnational Law VOL.36*，p.1323. “程序适当”（due process）在不同国家有不同名称，但逐渐发展出一些共同的理念，包括自然正义、程序公正、获得发表意见并被听取的机会、对抗主义、当事方获得平等对待等。最近，程序效率也逐渐被纳入“程序适当”原则中考虑。

② Richard Garnett，“International Arbitration Law：Progress Towards Harmonisation”，*3 Melb. J. Int'l L. 400*，p.404.

③ 最重要的强制性规则是第18条，规定“各方应受到平等对待，每一方都应有充分的机会陈述自己的情况”，该条涉及自然正义，不允许当事人排除适用。

④ Richard Garnett，“International Arbitration Law：Progress Towards Harmonisation”，*3 Melb. J. Int'l L. 400*，p.409.

⑤ 中国《仲裁法》第58条；英国1996年《仲裁法》第68条。

⑥ 中国《仲裁法》第10条第2款，“仲裁委员会由前款规定的市的人民政府组织有关部门和商会统一组建”，依此理解，我国仲裁委员会还是一种准公法机构。

则及当事人意思自治的赋权。

首先，关于仲裁委员会、法院权利义务的规则，涉及仲裁委员会设立、聘任仲裁员，以及法院对仲裁的监督规则，涉及国家对仲裁基本框架搭建的设计，以及对当事人在仲裁中可能遭受程序、实体审理不公的救济，系公共政策的体现，原则上均应设计为强制性规则。

其次，仲裁程序是仲裁法的主要部分，仲裁法在很多情形下被称为仲裁程序法，而"违反法定程序"是中国《仲裁法》明确规定的撤裁或者不予执行的考虑因素，因此仲裁程序中哪些是强制性规则（即法定程序），哪些是任意性规则，对仲裁法规范的相关主体影响甚大。结合目前中国《仲裁法》规定用语、司法实践，以及英国《仲裁法》规范实践，笔者认为，涉及当事人平等、充分参与仲裁程序，证据开示等程序规则，原则上均应设计为强制性规则。这些强制性规则不允许被仲裁委员会的仲裁规则和当事人约定所替代或者弱化。

再次，关于仲裁协议，因其也是合同的一种，接受国家民法（特别是合同法）基本原理的适用，除仲裁协议特别事项，突出体现在仲裁协议包括同意仲裁解决争议的意思表示、仲裁事项、选定仲裁机构这些必须具备的内容，[①] 以上内容可以作为强制性规则。同时，当事人之间对仲裁的选择和约定一般不会造成明显的外部效应，不会侵害第三方的利益，在此条件下，当事人有自由决定是否订立仲裁协议、和谁订立以及缔结什么样的仲裁协议的权利。除仲裁协议必备内容外，其他关于仲裁协议的规范可以尽量作为任意性规范或者少做规范。

最后，对仲裁机构仲裁规则及当事人意思自治的赋权，原则上可以设计为任意性规则，为仲裁规则、当事人协商留下空间，更明确体现仲裁和当事人意思自治的特色。鉴于部分仲裁机构仲裁规则已包含允许当事人另行约定的原则性表述，[②] 仲裁规则中的任意性规范，更多应体现为使用"通常""可以"等表述，而不仅是允许当事人另行约定的方式。仲裁法上未作强制性要求的

① 目前国际上和我国对待仲裁的态度均呈向友好方向发展，体现在将仲裁协议尽量朝有效方向解释，包括仲裁意思表示、仲裁事项、仲裁机构这些仲裁协议必备事项，只要协议用语或者其他辅助事实可以合理推论已具备，均认可仲裁协议的有效性。

② 比如北京仲裁委员会 / 北京国际仲裁中心《仲裁规则》（2019 年版）第 2 条第 1 款、中国国际经济贸易仲裁委员会《仲裁规则》（2015 版）第 4 条第 3 款。

内容，仲裁规则进行强制性限定，徒增被法院撤裁或者不予执行的风险，或者为推进程序带来不必要的负担。[①]仲裁规则进行任意性规范的表述，也有利于仲裁规则经常出现的方便推进程序规则[②]的实现，从而减少争议。

（三）对强制性、任意性疑问规则的尝试性解答

依据以上原则，笔者尝试对本文第一部分提及的强制性、任意性有疑问的部分规则进行解答：

1. 仲裁协议或者仲裁条款独立性问题。仲裁协议本质上是合同，须接受合同成立、变更、解除、终止、无效等合同基本原理的约束。关于仲裁效力是否独立，影响的是当事人之间的关系，公权力不宜介入过多。因此，仲裁协议效力独立性，可以考虑给予仲裁规则、当事人自由约定空间。[③]

2. 仲裁员回避的决定权以及裁决书生效时间问题。仲裁员回避决定权涉及仲裁法对仲裁委员会组织架构权力的设计，裁决书生效时间涉及仲裁程序重要时间节点，这两项事项可以考虑赋权仲裁委员会仲裁规则另行约定，但不宜给予当事人自由约定空间。

3. 关于仲裁协议的内容和效力，似无在中国《仲裁法》单独规定的必要，理由是：第17条仲裁协议无效部分第1项“约定的仲裁事项超出法律规定的仲裁范围的”，与第3条关于仲裁事项强制性规定重复；第2项、第3项，关于民事行为能力和胁迫对协议效力的影响问题，在中国《仲裁法》制定时已有《民法通则》第58条规范，其后《合同法》第9条、第47条、第52条以

① 上海久事大厦置业有限公司、上海久茂对外贸易公司申请不予执行仲裁裁决案即是典型。上海市高级人民法院在本案二审认为：上海仲裁委员会仲裁规则中明确要求提供外文材料，必须附有中文译本，美特公司提出的赔偿损失的外文材料没有附有中文译本，仲裁庭即据此作出了裁决，是违反法定程序的。

② 比如《北京仲裁委员会仲裁规则（2019版）》第2条第3项“本规则未明确规定的事项，本会或者仲裁庭有权按照其认为适当的方式推进仲裁程序，以促使当事人之间的争议得到高效和公平的解决”，第3条“当事人知道或者理应知道本规则或仲裁协议中规定的任何条款或条件未被遵守，但仍参加或者继续参加仲裁程序且未对上述不遵守情况及时向本会或仲裁庭提出书面异议的，视为其放弃提出异议的权利”；《中国国际经济贸易仲裁委员会仲裁规则》（2015版）第10条等。

③ 英国1996年《仲裁法》第7条规定，仲裁协议是否具有单独有效性，当事人可以自由约定。

及《民法典》第 144 条、第 145 条、第 150 条进行了进一步修订。[①] 事实上，仲裁协议作为合同及民事法律行为的一种，其效力问题应当然受关于合同和民事法律行为法律规定的影响。在中国《仲裁法》中对仲裁协议效力作出单独规定，需考虑仲裁协议效力有特别考虑因素，否则会形成就合同和民事法律行为基本法律的重复规定；而且一旦民事法律行为基本法律发展而对民事法律行为效力有变更性影响，中国《仲裁法》中对仲裁协议效力单独进行强制性规定是否合适，即更成疑问。[②]

（四）中国《仲裁法》修订中的强制性规则问题——代结语

在本文写作并行将完成之际，司法部公布《中华人民共和国仲裁法（修订）（征求意见稿）》，其中第 30 条第 1 款、第 2 款规定："当事人可以约定仲裁程序或者适用的仲裁规则，但违反本法强制性规定的除外。当事人没有约定或者约定不明确的，仲裁庭可以按照其认为适当的方式仲裁，但违反本法强制性规定的除外。"以上明确体现了中国《仲裁法》修订方向之一是区分强制性规定与非强制性规定，与本文倡导和试图进行解释的制度发展方向相同；但是，该征求意见稿仍未对哪些规则是强制性规则作出列举性规定。当然，中国《仲裁法》修订还在路上，我国仲裁法律制度和实践发展，仍有很大空间。

① 关于限制行为能力对合同效力的影响，《民法典》第 145 条规定为并不当然无效；关于胁迫对合同效力的影响，《民法典》第 150 条规定为可撤销，而不是当然无效。以上均与《仲裁法》第 17 条第 2 款、第 3 款规定不同。

② 如《仲裁法》第 17 条第 2 款、第 3 款规定的限制行为能力人订立仲裁协议、通过胁迫订立仲裁协议的效力问题。

不予执行还是另行起诉？案外人对仲裁裁决寻求救济的实证研究

马　骁[*]

● 摘要

为了保护仲裁案外人利益，《最高人民法院关于人民法院办理仲裁裁决执行案件若干问题的规定》创设了案外人申请不予执行仲裁裁决制度。但是，该制度适用的实质要件是仲裁裁决损害案外人权益，在遵循仲裁裁决效力的诉讼法说以及既判力相对性原则的前提下，该要件很难得到满足。对案外人申请不予执行案件的实证分析表明，实践中案外人依此寻求救济也很难得到法院支持。同时，不予执行的制度性质决定其只能消灭仲裁裁决的执行力，不能为案外人提供就实体法律关系的终局性救济。与之相比，另行起诉可以终局性地解决实体问题，并且没有对救济条件进行程序限制，是案外人寻求救济的更合理方式。

● 关键词

仲裁案外人　不予执行　既判力　执行力　另行起诉

Abstract: For protecting the interests of the arbitral non-party, the "Provisions of the Supreme People's Court on Several Issues concerning the

---

* 马骁，北京大学法学院民事诉讼法学 2020 级硕士研究生。本文的写作得到了北京大学法学院曹志勋老师的悉心指导，特致感谢。

Handling of Cases regarding Enforcement of Arbitral Awards by the People's Courts" set up a system of Non–party's application for the non–enforcement of arbitral award. The substantive element of the system, however, is that the arbitral award impairs the lawful rights and interests of the non–party. It is hard to satisfy the element under the procedural law theory and the principle of relativity of *res judicata*. Through the empirical analysis of the cases of non–enforcement application by the non–party, we can find that it is difficult for the non–party to seek relief from the court in practice. At the same time, the nature of the non–enforcement system determines that it can only eliminate the enforcement force of arbitral award, and cannot provide final substantive legal relief to the non–party. In contrast, filing a new claim is a much more reasonable way for the non–party to seek relief.

Key Words: arbitral non–party, non–enforcement of the arbitral awards, *res judicata*, enforcement force, new claim

引 言

最高人民法院于 2018 年 2 月 22 日发布的《最高人民法院关于人民法院办理仲裁裁决执行案件若干问题的规定》（以下简称《仲裁裁决执行规定》）确立了案外人申请不予执行仲裁裁决制度，该制度是近年来我国仲裁司法审查领域的一项创新规则。该规定第 9 条和第 18 条明确了案外人申请不予执行的程序条件和实体条件。① 在仲裁当事人恶意串通导致案外人权利受损时，案外人可以在仲裁裁决的执行程序中提出不予执行的请求。

① 第 9 条："案外人向人民法院申请不予执行仲裁裁决或者仲裁调解书的，应当提交申请书以及证明其请求成立的证据材料，并符合下列条件：（一）有证据证明仲裁案件当事人恶意申请仲裁或者虚假仲裁，损害其合法权益；（二）案外人主张的合法权益所涉及的执行标的尚未执行终结；（三）自知道或者应当知道人民法院对该标的采取执行措施之日起三十日内提出。"第 18 条："案外人根据本规定第九条申请不予执行仲裁裁决或者仲裁调解书，符合下列条件的，人民法院应当支持：（一）案外人系权利或者利益的主体；（二）案外人主张的权利或者利益合法、真实；（三）仲裁案件当事人之间存在虚构法律关系，捏造案件事实的情形；（四）仲裁裁决主文或者仲裁调解书处理当事人民事权利义务的结果部分或者全部错误，损害案外人合法权益。"

这一制度创新对我国仲裁案外人保护具有重要意义，此前我国仲裁立法及司法解释并未涉及仲裁案外人保护的问题。规定出台之后，实务界普遍对新制度给予认可和期待，认为其可以在案外人保护方面发挥积极作用。①

需要明确的是，尽管我国此前并未在立法和司法解释中规定仲裁案外人的救济方式，但这并不意味着案外人无法获得救济。尚未确立案外人不予执行制度时，已有学者从程序保护途径和实体保护途径对仲裁案外人救济进行了充分探讨，可能的路径包括：提出执行异议、针对争议标的另行起诉、主张仲裁调解协议无效、向仲裁当事人提起侵权损害赔偿之诉。②

根据民事程序救济机制的对应性原则和比例原则，救济机制应当与程序类型、制度功能相匹配，救济手段应当与制度目的、救济对象相适应。③值得追问的是，在已有的立法体系中存在案外人救济可能的情况下，新增案外人不予执行制度的合理性何在：制度设计是否符合仲裁基本原理、救济效果是否经得起实证检验、制度性质是否可以匹配终局性救济的目的？基于上述疑问，本文将从仲裁裁决的效力原理、法院既有裁判的实证分析、不予执行的程序性质三个角度，反思案外人申请不予执行的制度逻辑，进而探讨另行起诉作为案外人救济方式的合理性。

一、制度逻辑：裁决不会侵害案外人权利

《仲裁裁决执行规定》第9条是对案外人申请不予执行的受理条件规定，第

① 笔者检索发现诸多知名律所如中伦、海问、天同、金杜等均在公众号平台对新规进行讨论，认为案外人申请不予执行制度有利于遏制虚假仲裁、维护案外人合法权益。参见陈胜：《聚焦仲裁裁决执行新规中的案外人申请不予执行制度》，载 https://mp.weixin.qq.com/s/0LHTtjDoqzStn2iE6fSrqw；康铧、时光远、周晶：《仲裁裁决执行新规之亮点解析》，载 https://mp.weixin.qq.com/s/FI1c8tFYo0kdUM9awUOBlw；朱华芳、郭佑宁：《评析〈最高人民法院关于人民法院办理仲裁裁决执行案件若干问题的规定〉案外人申请不予执行制度》，载 https://mp.weixin.qq.com/s/J9XiwQ0T_QlrNWxe9a4fpw；金立宇：《〈最高人民法院关于人民法院办理仲裁裁决执行案件若干问题的规定〉解读》，载 https://mp.weixin.qq.com/s/N2SSa-dOPay-pds9jxTfzQ。以上链接均于2021年7月17日最后访问。

② 参见曹志勋：《我国仲裁调解案外人救济途径评述》，载《北京仲裁》2011年第1期，第97—110页；另参见刘东：《论仲裁裁决案外人利益的保护——以案外第三人撤销仲裁裁决之诉为中心的研究》，载《法治研究》2015年第2期，第89—98页。

③ 参见潘剑锋：《论建构民事程序权利救济机制的基本原则》，载《中国法学》2015年第2期，第30—42页。

18 条是对案外人申请内容的实质审查要件规定。《仲裁裁决执行规定》第 18 条第 1 项、第 2 项是对主体适格的规定，要求案外人享有真实合法的实体权利；第 3 项是对审查事由的规定，要求仲裁当事人存在捏造法律关系虚构事实的行为；第 4 项是对结果要件的规定，要求仲裁裁决存在错误损害案外人权益。归纳上述条件，案外人申请不予执行仲裁裁决的实体审查要件有二：（1）仲裁当事人之间存在恶意仲裁行为；（2）仲裁裁决或调解书损害案外人权益。探寻制度设计的逻辑：当事人恶意利用仲裁程序是原因，骗取的仲裁裁决导致案外人权益受损是结果。可能存在的问题是，如果“仲裁裁决损害案外人权益”这一结果条件难以满足，案外人申请不予执行仲裁裁决的制度也就没有适用的余地。

（一）仲裁裁决的作用方式：仲裁裁决与案外人实体权利

对于生效裁判损害案外人民事权益的问题，多数观点直接从判决内容出发，认为生效裁判直接变动了实体法律关系，而忽略了裁判发挥作用的本质原理。学界关于既判力本质说的讨论揭示了民事生效裁判能产生何种法律效果。关于既判力本质说主要有实体法说和诉讼法说两种对立观点。实体法既判力理论认为，判决就争议案件重新塑造了当事人之间的法律关系。通过宣告权利的判决，该权利就被创造出来；如果通过一个错误的判决错误地否定了权利的存在，则该权利因此也被消灭。现在占主流地位的是诉讼法既判力理论，该理论否定了发生既判力的判决对实体权利的任何影响：“法官的任务并不是新创造权利，他的任务是确认先存在权利状态。”[①] 两种学说最根本的冲突在于对错误裁判效力的理解和认识：根据实体法说，错误裁判也发生变动实体法律关系的效果；相反根据诉讼法说则认为错误的裁判并不能改变实体法律关系。

对于生效裁判法律效果的认识对本文探讨的虚构法律关系损害案外人权益的情形至关重要。根据诉讼法说的观点，民事生效裁判原则上只是对实体法律关系的确认，并不具有变动实体法律关系的效果。当事人虚构的法律关系尽管经过生效法律文书的确认，也并不会使该法律关系成真。[②]

诉讼法说的例外情况是形成判决。确认判决只是确定某一法律关系或权

① 参见［德］汉斯－约阿希姆·穆泽拉克：《德国民事诉讼法基础教程》，周翠译，中国政法大学出版社 2005 年版，第 324—325 页。

② 参见任重：《论虚假诉讼——兼评我国第三人撤销诉讼实践》，载《中国法学》2014 年第 6 期，第 244—246 页，第 259 页。

利是否存在，给付判决则是在此基础上增加了债务人应当为一定给付的要求，两者都不能直接变动既存法律关系。与此不同，形成判决确实可以变动民事法律关系的状态。[①] 在民诉法理上，获得形成判决的条件是法律明确赋予了当事人形成诉权，且形成诉权的行使经过法院或仲裁庭的审查。[②] 可以请求仲裁变动的实体法律关系包括债权关系和物权关系，其中因为债权关系具有相对性一般不对案外人产生影响。[③] 就可以请求仲裁庭变动的物权关系而言，《民法典》第229条规定了因法律文书导致物权变动的情形。[④] 已有学者对此条文进行了充分讨论，限定了仲裁法律文书可以直接变动物权的两种情况：仅当合同被撤销后原所有权人回复所有权和协议不成时请求法院分割共有财产的生效裁判会发生变动物权的法律效果，民事生效裁判原则上并不直接变动实体法律关系。[⑤] 依照这种比较流行的理解，给付判决和确认判决并不会直接侵害案外人实体权利。仅在合同被撤销后原所有权人回复所有权和协议不成时请求法院分割共有财产的案件中，仲裁当事人恶意串通利用仲裁程序，才可能满足“仲裁裁决损害案外人权益”的结果条件。[⑥]

（二）仲裁裁决的效力范围：仲裁裁决与案外人程序权利

1. 既判力学理理论

案外人的程序权利，即案外人通过司法途径获得救济的权利。在仲裁当事人恶意利用仲裁程序损害案外人的情况下，如果因为已经存在的生效仲裁

---

① 参见张卫平：《民事诉讼法》，法律出版社2016年版，第414页。

② 考虑到当事人的诉权保护，应当认为我国法律中仅规定“请求人民法院”，未明确仲裁委作为审理主体的形成诉权也可以向仲裁庭行使。参见任重：《形成判决的效力——兼论物权法第28条》，载《政法论坛》2014年第1期，第61页。

③ 参见奚晓明主编：《〈中华人民共和国民事诉讼法〉修改条文理解与适用》，人民法院出版社2012年版，第107页。

④ 《民法典》第229条：因人民法院、仲裁机构的法律文书或者人民政府的征收决定等，导致物权设立、变更、转让或者消灭的，自法律文书或者征收决定等生效时发生效力。

⑤ 参见程啸：《因法律文书导致的物权变动》，载《法学》2013年第1期，第83—85页；任重：《论虚假诉讼——兼评我国第三人撤销诉讼实践》，载《中国法学》2014年第6期，第247页；任重：《形成判决的效力——兼论物权法第28条》，载《政法论坛》2014年第1期，第58页。

⑥ 已有学者对仲裁中的此类问题进行了充分的案例收集，在较大的样本容量中并未发现此类仲裁案件。参见武振国：《论虚假仲裁的规制——兼评案外人申请不予执行仲裁裁决》，载《北京仲裁》2018年第4期，第68页。

裁决而阻碍案外人另行起诉，则案外人的程序权利就会受到侵害。生效仲裁裁决具有的禁止对仲裁过的纠纷再次提起仲裁或诉讼的效力，源于仲裁裁决的既判力。既判力理论通常适用于民事诉讼领域，但是随着仲裁实践的发展，该理论在仲裁领域也逐渐得到关注。

比较法制度中对于判决的既判力效果和范围的规定有共通之处。在既判力的效果上，既判力存在的理由是维护一项裁决的权威，既判力确保前一个裁决中的决定不会被随后的裁决规避或者推翻。在既判力的范围上，既判力应当仅作用于参与了仲裁程序的当事人。不论是普通法系、大陆法系还是伊斯兰法系，都将判决的效力严格限于参与案件的当事人。在某些情形下，判决的效力也可能例外地约束到未参与程序的案外人，但是这些例外的范围十分有限。[①] 在大陆法国家，既判力扩张至第三人的情形需要经过实体法或者程序法的事先明确；在普通法国家，既判力扩张到的第三人必须和案件当事人成为“利益共同体”，以便第三人的利益可以由当事人一方代表，“共同利益”的检验标准十分严格。由于仲裁裁决和法院判决在效力上是等同的，以上关于限制既判力扩张的规则也适用于仲裁裁决。[②]

我国学界对仲裁裁决既判力问题的关注较少，相比之下对民事诉讼裁判既判力问题的讨论更为充分。在判决理论上，既判力即判决生效之后具有的确定力。指法院作出的终局判决一旦生效，当事人和法院都应当受该判决内容的拘束，当事人不得在以后的诉讼中主张与该判决相反的内容，法院也不得在以后的诉讼中作出与该判决冲突的判断。[③] 与案外人保护密切相关的是既判力相对性原则，该原则可以划定既判力作用的主观范围：既判力只对提出请求及相对的当事人有拘束力。这一原则表明判决对被裁判的请求所涉及的对立当事人以外的人不发生既判力。[④] 既判力相对性原则的法理依据是程序保障原则：只有参加诉讼的当事人获得了充分争议的机会保障，因而既判力只对其

---

① Oscar G. Chase & Helen Hershkoff(eds.), *Civil Litigation in Comparative Context* (*Second Edition*), West Academic Publishing, 2017, pp. 563-594.

② Stavros Brekoulakis, "The Effect of An International Arbitral Award and Third Parties," 16 *American Review of International Arbitration*, 1-31 (2005); Richard G. Shell, "Res Judicata and Collateral Estoppel Effects of Commercial Arbitration," 35 *UCLA Law Review*, 623-676 (1988).

③ 张卫平：《民事诉讼法》，法律出版社 2016 年版，第 422 页。

④ 参见张卫平：《既判力相对性原则：根据、例外与制度化》，载《法学研究》2015 年第 1 期。

发生作用。[①]有学者认为，尽管我国未立法明确既判力相对性原则，但是2015年《最高人民法院关于适用〈中华人民共和国民事诉讼法〉的解释》（以下简称《民诉解释》）第247条[②]将禁止重复起诉的主体限制为诉讼当事人，实际上间接认可了既判力在主观范围上的相对性。[③]

然而，2012年《民事诉讼法》修订后新增了第三人撤销之诉制度，该制度所包含的“判决会对第三人产生普遍影响”的立法理念与既判力相对性原则存在冲突。对既判力相对性原则的不同认识决定了学者对第三人撤销之诉的不同态度。有观点坚持既判力相对性原则，对第三人撤销之诉持立法论上的否定或者解释论上限制适用的态度；[④]另有观点则搁置既判力理论，从司法实践中出现的虚假诉讼现象倒推出我国引入第三人撤销之诉的必要性；[⑤]还有观点否认我国司法实践中存在既判力相对性原则，主张对第三人撤销制度的原告适格进行扩张解释。[⑥]笔者认为，后两种观点完全基于目的解释展开论证，论证结果难免欠缺正当性，并且也没有在制度适用主体范围内达成一致意见。以部分法院判例未遵循既判力相对性原则为由否认我国存在既判力制度，未免有以偏概全之嫌。部分判例的错误观点不应该成为合理化第三人撤销之诉的理由，一味地扩张解释第三人撤销之诉只会阻碍既判力原则的制度化。总而言之，既判力相对性原则在法理上以程序保障原则为根据，在立法上也获得了司法解释的间接认可。尽管出现了与既判力相对性原则相冲突的第三人

① 参见林剑锋：《既判力相对性原则在我国制度化的现状与障碍》，载《现代法学》2016年第1期，第132页。

② 《民诉解释》第247条：“当事人就已经提起诉讼的事项在诉讼过程中或者裁判生效后再次起诉，同时符合下列条件的，构成重复起诉：（一）后诉与前诉的当事人相同；（二）后诉与前诉的诉讼标的相同；（三）后诉与前诉的诉讼请求相同，或者后诉的诉讼请求实质上否定前诉裁判结果。当事人重复起诉的，裁定不予受理；已经受理的，裁定驳回起诉，但法律、司法解释另有规定的除外。”

③ 参见林剑锋：《既判力相对性原则在我国制度化的现状与障碍》，载《现代法学》2016年第1期，第136页。

④ 否定适用的观点参见陈刚：《第三人撤销判决诉讼的适用范围——兼论虚假诉讼的责任追究途径》，载《人民法院报》2012年10月31日第7版；限制适用的观点参见张卫平：《中国第三人撤销之诉的制度构成与适用》，载《中外法学》2013年第1期，第170—184页。

⑤ 王亚新：《第三人参与诉讼的制度框架与程序操作》，载《当代法学》2015年第2期，第146—160页。

⑥ 吴泽勇：《第三人撤销之诉的原告适格》，载《法学研究》2014年第3期，第149—167页。

撤销之诉制度，也不应该为适用新法而放弃对基本原理的坚持。

2. 仲裁既判力的法律依据及司法实践

就仲裁与诉讼的关系而言，生效仲裁裁决与法院判决的效力是相同的。[①]基于仲裁的准司法性质，仲裁裁决也应当具有既判力。有学者认为从《仲裁法》第 9 条和第 57 条[②]完全可以论证出仲裁裁决与法院判决具有相同的既判力。判决形式上的既判力表现为禁止法院重复审理，《仲裁法》第 9 条规定的仲裁裁决的程序终结力同样是禁止仲裁庭或法院重复审理。判决实质上的确定力包括判决内容的确定力以及对后续法院的拘束力两方面；相应地，《仲裁法》第 9 条可以体现仲裁裁决对于当事人之间法律关系的最终认可与确定，《仲裁法》第 57 条也可以推导出仲裁裁决对后续仲裁程序的拘束力。比较《仲裁法》第 57 条和《民事诉讼法》第 155 条[③]的表述，也可以看出仲裁裁决具有与法院判决相同的既判力是《仲裁法》第 57 条的应有之义。[④]

在仲裁裁决既判力相对性原则的问题上，仲裁法和司法实践也可以体现对该原则的认可。《仲裁法》第 9 条第 1 款规定仲裁裁决终局效力针对的主体是“当事人”，即只有仲裁当事人才受一裁终局的裁决效力约束、不得就纠纷再次争议。这里的仲裁当事人指参加了仲裁程序的双方当事人。例外情况下，在作出仲裁裁决后通过继承、转让等方式，当事人的实体权利义务转移给了仲裁当事人以外的其他人，这些承担了当事人实体权利义务的承继人也应该受仲裁裁决效力的约束。除此之外，仲裁程序的案外人不应该受仲裁裁决终局效力的影响。对仲裁裁决的司法审查实践同样可以体现既判力相对性原则。早在仲裁立法之初的 1995 年，深圳中级人民法院裁判的购销服务公司诉投资公司一案中，法院即认定“裁决书应仅对案件的申请人与被申请人产生法律

---

① 宋连斌主编：《仲裁法学》，武汉大学出版社 2010 年版，第 2 页。

② 《仲裁法》第 9 条：仲裁实行一裁终局的制度。裁决作出后，当事人就同一纠纷再申请仲裁或者向人民法院起诉的，仲裁委员会或者人民法院不予受理。裁决被人民法院依法裁定撤销或者不予执行的，当事人就该纠纷可以根据双方重新达成的仲裁协议申请仲裁，也可以向人民法院起诉。《仲裁法》第 57 条：裁决书自作出之日起发生法律效力。

③ 《民事诉讼法》第 158 条：最高人民法院的判决、裁定，以及依法不准上诉或者超过上诉期没有上诉的判决、裁定，是发生法律效力的判决、裁定。

④ 参见卜元石：《仲裁裁决既判力案例研究与中国民事诉讼法的精细化》，载《中国应用法学》2017 年第 1 期，第 168 页。

效力；由于李生并非仲裁案件的当事人，因此裁决书对李生不具有法律约束力”[①]。类似的法院观点还有“刘某某从未以签约主体的身份在《个人授信项下借款合同》《最高额保证授信合同》上签名……约定的仲裁条款对刘某某并不产生法律约束力……故案外人刘某某不受仲裁裁决的约束”[②]。可见，实务中法院观点认为仲裁裁决作用的主体范围仅限于仲裁当事人，实际上也遵循了既判力相对性原则。

3. 仲裁既判力问题的再思考

用既判力相对性理论来解释仲裁裁决的效力范围，可能的质疑在于，民事诉讼法领域仍未明确既判力相关规则，通过诉讼判决和仲裁裁决的相同效力论证出仲裁裁决效力的相对性似乎不够有说服力。

本文认为，即便不考虑法院判决与仲裁程序在法理上共通的效力，仅从仲裁程序本身的特性出发，也应该严格限定仲裁裁决的效力范围。仲裁庭以民间第三方的身份作为裁决人，其裁决权的正当性来源于仲裁协议。与诉讼程序相比，仲裁程序的纠纷解决更具有相对性，仲裁的居间性更强。[③]因此，仲裁庭依据仲裁协议作出的裁决效果范围也仅应该约束仲裁协议的当事人。正是仲裁协议效力的相对性决定了仲裁裁决效力的相对性。由于案外人没有参与仲裁协议，案外人因此并未赋予仲裁庭对其自身利益作出裁决的权利，因而也不受裁决的效力约束。

综上所述，在坚持既判力相对性原则的条件下，仲裁裁决效力作用范围仅限于仲裁案件当事人。案外人不受仲裁裁决效力约束，在权利受到侵害后仍然可以就仲裁过的法律关系再次提起诉讼，程序权利并不会受到侵害。

总之，案外人的程序权利在既判力相对性原则的保护之下并不会受到仲裁裁决的侵害。案外人的实体权利只可能受到合同被撤销后原所有权人回复所有权和当事人协议不成时请求法院分割共有财产的形成裁决侵害。以案外人申请不予执行制度中“仲裁裁决损害案外人权益”的结果条件为参照，实际上这一条件仅在上述两种案件类型中可以满足，该制度的适用余地也因而

① 参见广东省深圳市中级人民法院民事裁定书（1995）深中法仲执审字第101号，转引自宋连斌主编：《仲裁法》，武汉大学出版社2010年版，第166页。

② 参见广东省广州市中级人民法院民事裁定书（2016）粤01执异309号。

③ 参见张卫平：《仲裁案外人权益的程序保障与救济机制》，载《法学评论》2021年第3期，第45页。

十分狭窄。

二、实践效果：不予执行难以有效保护案外人权利

如前所述，基于对仲裁裁决效力的学理分析，仲裁裁决原则上并不会损害案外人权益。但是，上文的分析毕竟建立在严格遵循既判力理论以及裁决作用方式的诉讼法说的基础之上。在实践中，对《民法典》第229条裁判文书作用方式的误读以及缺乏明确的既判力制度支持，都使我国仲裁裁决的效力泛化：认为仲裁裁决具有改变实体法律关系的普遍作用力和对案外人的普遍约束力。

最高院对案外人申请不予执行制度适用范围的说明，也可以看出泛化仲裁裁决效力的倾向。最高院举例："当事人存在以恶意申请仲裁或以'手拉手'虚假仲裁方式，损害案外人合法权益的问题，例如，两方当事人合谋以虚假仲裁的方式，将本属于案外人的财产裁决给一方当事人"；又如，"当事人通过虚假仲裁裁决确认了一个虚构债权，在这个仲裁的执行中，损害案外人合法权益"。[①] 最高院认定的案外人申请不予执行制度可适用的范围，显然大于本文第一部分论述的两种案件类型。

在仲裁裁决效力泛化成为普遍认知的情况下，实务中自然会认为只要仲裁当事人存在恶意利用仲裁程序的行为且案外人实际权益受损，就应当归因于错误的仲裁结果并针对仲裁裁决寻找救济途径。尽管如此，案外人申请不予执行制度的实践效果也存在疑问。

（一）案外人申请不予执行实证考察

本文收集了《仲裁裁决执行规定》2018年3月1日施行之后案外人申请不予执行仲裁裁决或调解书案件共208件。[②] 为保证法院裁定的终局性以及观点的权威性，本文选择的案件均为高级人民法院复审案件。

在208件案外人申请不予执行仲裁裁决或调解书的案件中，法院支持案

---

① 刘贵祥等：《〈关于人民法院办理仲裁裁决执行案件若干问题的规定〉的理解与适用》，载《人民司法（应用）》2018年第13期，第44页。

② 具体检索方法及筛选过程：在"北大法宝"的"本院认为"搜索栏中输入关键词"案外人申请不予执行"，可以检索到相关案例464件；选择法院层级为"高级人民法院"可得案例233件。在233件案例中，除了2件案件审理对象与本文讨论问题不符属于无关案例、16件发回重审未作结论、7件为申请不予执行仲裁调解书案件以外，剩余的214件均对案外人不予执行申请作出终局性的裁定。本文案例收集工作于2021年7月17日完成。

外人不予执行请求的有10件，未支持的有198件。

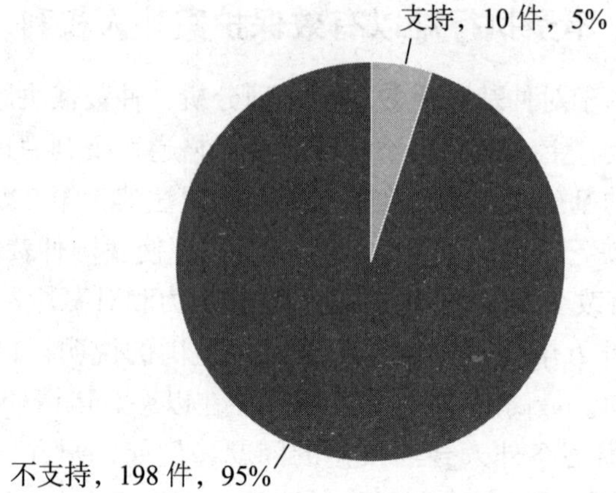

在不予支持的理由中，因为案外人未证明仲裁当事人之间存在虚构法律关系、捏造案件事实情形的有153件[①]；因为案件尚未进入执行程序的有16件；因为提出请求时间超过法律规定的"知道或应当知道执行措施起30日"的有16件；因为案外人与案件没有利害关系而认为主体不适格的有11件；因为案外人以存在《民事诉讼法》第244条情形为由提起请求而认为不属于法定事由的有2件。

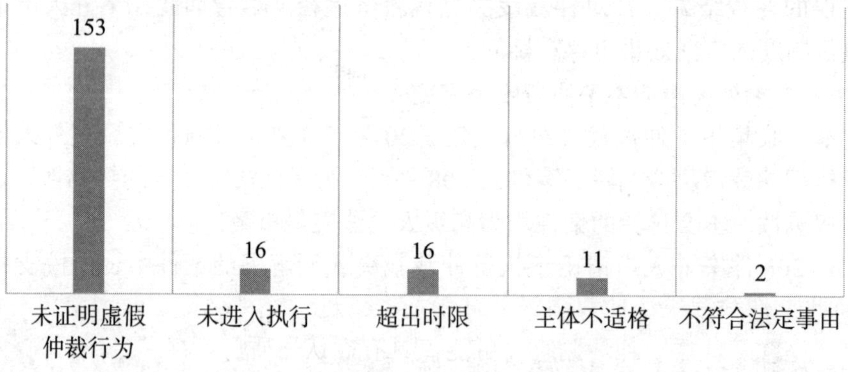

① 其中，浙江省高级人民法院的106个执行复议裁定可归为一组案件：均针对杭州仲裁委2015年第59号裁决，案外人提起不予执行的事由相同。法院对不予执行请求审查之后，论证过程及最终结论也相同，均以案外人不能证明仲裁当事人存在虚构法律关系、捏造案件事实的情形为由对案外人请求不予支持。

分析数据可以得出结论，在案外人申请不予执行案例中，法院支持案外人请求的只占案件总数的5%，绝大多数案外人的请求难以得到支持。在不予支持的理由中，占比最多的是未能证明仲裁案件当事人之间存在虚构法律关系、捏造案件事实的情形，此为案外人申请不予执行最重要的实质要件，共153件；数量居次的理由是超出时限和案件尚未进入执行程序，这两个理由可划归为程序要件，合计32件。这样的裁判理由分布也对应了最高法院对于案外人申请不予执行案件的条件总结："案外人申请不予执行的，应符合三个条件：一是有证据证明恶意仲裁或虚假仲裁损害其合法权益；二是案外人主张的合法权益所涉及的执行标的尚未执行终结；三是自案外人知道或者应当知道人民法院对该标的采取执行措施之日起30日内提出。"①

（二）不予执行难以保护案外人权利原因探究

案外人申请不予执行仲裁裁决难以成功，和不予执行制度的条件设置有很大关系。笔者认为，最明显的困难分别在于申请不予执行时的证明困难（实质要件）和所处程序阶段（程序要件）。

就实质要件而言，案外人需要证明仲裁当事人之间存在虚构法律关系、捏造案件事实的情形。现实中，仲裁当事人恶意串通利用仲裁程序的证据往往掌握在仲裁当事人手中，案外人难以获取证据进行有力的证明。同时，《民诉解释》第109条规定："当事人对欺诈、胁迫、恶意串通事实的证明，以及对口头遗嘱或者赠与事实的证明，人民法院确信该待证事实存在的可能性能够排除合理怀疑的，应当认定该事实存在。"该条规定要求对恶意串通事实的证明需要达到"排除合理怀疑"的程度，该证明标准高于对一般事实的"高度盖然性"证明标准。案外人在难以获得证据的情况下还要达到更高的证明标准，实际上难以完成证明责任。

就程序要件而言，案外人要在仲裁案件进入执行程序之后才能提出请求。然而此类仲裁裁决、仲裁调解书可能并不会进入执行阶段，原因主要有两方面：一是仲裁裁决、仲裁调解书可能仅具有确认性质，不存在可执行内容；二是如果虚假仲裁当事人已经产生恶意串通损害案外人的意图，一般会选择自行履行仲裁裁决或仲裁调解书，避免因案件进入执行阶段而使案外人启动救

① 刘贵祥等：《〈关于人民法院办理仲裁裁决执行案件若干问题的规定〉的理解与适用》，载《人民司法（应用）》2018年第13期，第44页。

济程序的条件得到满足。[①] 在很多法院以案件未进入执行程序为由驳回案外人申请的裁定中，都提示“待符合受理立案条件时，可再行申请”[②]。法院固然是依法裁判驳回当事人请求，同时出于保障案外人权益的考量进行善意提醒。但制度设立的目的就是保护案外人权益，从案外人的角度出发，权利被侵害的风险已然存在，却一定要等仲裁裁决进入执行程序才可以寻求救济，这样的设定显然与该制度保护案外人的初衷相悖。

三、救济手段：不予执行无法提供终局性救济

上文数据表明，案外人提出的不予执行仲裁裁决的请求很难获得执行法院支持。但是，笔者毕竟还是发现了成功获得不予执行裁定的案例存在。进一步需要追问的是，不予执行仲裁裁决的法律效果是否能为案外人提供终局性的实体法律关系上的救济。

根据《仲裁裁决执行规定》第18条探究案外人申请不予执行制度的逻辑，制度设计者认为，因为存在仲裁当事人恶意利用仲裁程序的行为，进而出现内容错误的仲裁裁决，最终是该份裁决损害了案外人合法权益。根据这样的思路，如果认为造成案外人权益受损的是仲裁裁决，那么对案外人的救济也应该致力于消灭仲裁裁决的效力。探究不予执行制度的性质，其并不能为案外人提供终局性救济。

（一）仲裁裁决不予执行和撤销的不同效果

仲裁裁决的不予执行和撤销是我国仲裁司法审查的两种形式。探究仲裁司法审查制度的发展历史，1991年《民事诉讼法》并未对撤销仲裁裁决作出规定，有研究者认为出现这一情形的原因在于当时仲裁裁决代表的是政府意志，具有一般具体行政行为的确定力、拘束力、公定力和执行力，不存在是否有法律效力的问题，法院仅可以通过不予执行否定仲裁裁决的执行效力。[③] 此后直至1994年《仲裁法》在第58条和第70条分别规定了申请撤销国内仲裁裁

① 参见沈伟：《我国仲裁司法审查制度的规范分析——缘起、演进、机理和缺陷》，载《法学论坛》2019年第1期，第128页。

② 参见河北省高级人民法院（2019）冀执复4号、5号、6号、7号、8号、9号、10号、11号、12号、13号、18号、19号、20号、617号。

③ 参见陈忠谦：《论仲裁裁决的撤销与不予执行——兼谈中国仲裁法的修改》，载《仲裁研究》2006年第2期，第8页。

决和国外仲裁裁决的条件，仲裁裁决的撤销制度才得以确立，我国对仲裁裁决开始实行撤销和不予执行的双重监督。2012年《民事诉讼法》对不予执行国内仲裁裁决的审查标准进行了修改，使其与仲裁法撤销国内仲裁裁决的审查标准保持了统一。[①]

由上可知，撤销仲裁裁决否定的是裁决的全部法律效力，不予执行否定的仅仅是裁决的执行力，两者的法律后果不同。一方面，法院裁定撤销仲裁裁决的，裁决自始不发生效力；而裁定不予执行的，仲裁裁决仍然存在，并且仍然具有既判力，只是由于不予执行裁定而丧失了强制执行力。另一方面，裁定撤销仲裁裁决后，就不存在仲裁裁决的执行问题；而裁定不予执行仲裁裁决后，则仍然存在仲裁裁决的撤销问题。[②]因而也有观点认为，不予执行制度仅对国外仲裁才有意义。在国外仲裁机构作出的裁决违反我国法律或者社会公共利益的情况下，我国法院不能予以撤销，但是有权拒绝执行该裁决。但对于国内裁决，不予执行制度完全可以被仲裁裁决的撤销制度替代。[③]实际上，理论界一直存在废除不予执行制度的声音，认为对国内仲裁裁决撤销和不予执行的双重监督并无必要。[④]

回到案外人申请不予执行制度当中，案外人对裁决申请不予执行，终止的也只是裁决的执行力，裁决的既判力仍然存在。既然制度设计者认为是内容错误的仲裁裁决导致案外人权益受损，那么此时裁决仅仅丧失执行力，对实体法律关系的确定力仍然存在，对案外人的影响就没有消除。案外人要实现终局性的救济，还需要撤销仲裁裁决并且要求确认自己的权利主张。从不

---

① 具体而言，2012年《民事诉讼法》第237条对不予执行的事由规定，将1991年《民事诉讼法》第217条第4项“认定事实的主要证据不足”和第5项“适用法律确有错误”修改为“裁决所根据的证据是伪造的”和“对方当事人向仲裁机构隐瞒了足以影响公正裁决的证据的”，取消了对国内仲裁裁决进行实体审查。这样的修改更加符合国际社会对仲裁裁决仅作程序审查的趋势。

② 江伟、肖建国主编：《仲裁法》，中国人民大学出版社2012年版，第311页。

③ 参见张卫平：《现行仲裁执行司法监督制度结构的反思与调整——兼论仲裁裁决不予执行制度》，载《现代法学》2020年第1期，第120页。

④ 参见肖晗：《建议取消不予执行仲裁裁决的司法监督方式》，载《河北法学》2001年第3期，第59—61页；韩平：《我国仲裁裁决双重救济制度之检视》，载《法学》2012年第4期，第59—65页；胡获：《论我国仲裁裁决不予执行与撤销制度重叠的困境及其重构》，载《法治研究》2013年第10期，第97—105页。

予执行的制度性质考虑，作为执行程序中的救济渠道其只能实现执行力上的变化，无法为案外人提供终局性的实体法律上关系的救济。

（二）仲裁裁决不予执行和撤销的定位厘清

值得注意的是，我国仲裁立法对不予执行的制度性质存在定位不清的问题。《民事诉讼法》第244条第5款规定，“仲裁裁决被人民法院裁定不予执行的，当事人可以根据双方达成的书面仲裁协议重新申请仲裁，也可以向人民法院起诉”。该规定存在的问题是，裁决被裁定不予执行之后其既判力仍然存在、仍然具有终局效力。既然如此，当事人就不得再对此进行争议，法院也不能在存在有效仲裁裁决的情况下进行审理。如此规定造成事实上仲裁裁决的效力通过法院不予执行仲裁裁决被全部否定，导致其实际后果与撤销仲裁裁决一样，仲裁裁决形成“法律上有效，事实上无效”的局面。[①] 也有学者认为，如果法院只裁定“不予执行”，其在法理逻辑上或者表明原裁决依旧合法有效，只是不予强制执行，从而导致“法律上有效，事实上无效”的结局，或者可以解释为法院对仲裁裁决合法与否，有效与否避而不谈，不作定论。[②]2012年《民事诉讼法》统一仲裁当事人申请不予执行和撤销国内仲裁裁决的审查标准，似乎也能够证成二者应当在法律效果上趋同。

本文认为，首先，遵循既判力制度的逻辑和不予执行的程序性质，不予执行仲裁裁决表面上仍然不具有终局性，法律表层意义上此时不予执行的仲裁裁决仍然是有效成立的。其次，在案外人的视角下讨论该问题，案外人获得的不予执行裁定更不应该当然地否定仲裁裁决的既判力。现行法律并未赋予案外人申请撤销仲裁裁决的权利，案外人申请不予执行的事由也不同于《民事诉讼法》中撤销仲裁裁决的事由。考虑到法律的体系性和救济程序的特殊性，案外人申请不予执行不应该产生撤销裁决的效果。因此，案外人难以依据不予执行的裁定获得实体法上的最终救济。

---

① 参见林剑锋、时辉：《以虚假仲裁裁决书提出案外人异议的规制与对策》，载《北京仲裁》2014年第2期，第27页。

② 参见肖晗：《建议取消不予执行仲裁裁决的司法监督方式》，载《河北法学》2001年第3期，第60页。

四、另行起诉：一种更合理的案外人救济方式

综合上文所述，案外人申请不予执行制度在制度逻辑上违背裁决作用原理，在实践效果上案外人的请求很少获得支持，在救济结果上不能实现终局性的实体救济。实际上，不论是司法解释创设的案外人申请不予执行制度，还是理论界存在的主张赋予案外人提起撤销仲裁裁决权利的观点，[①] 都未提及案外人另行起诉这一救济方式。本部分将从民事诉讼的一般原理出发，探讨另行起诉作为案外人救济方式的合理性。

（一）另行起诉可以消解不予执行制度的逻辑问题

本文在第一部分论述了仲裁裁决不对案外人产生既判力这一先决问题。在既判力相对性原则的约束下，案外人不受仲裁裁决终局确定力的约束，仍然可以就法院已经裁决的争讼标的申请仲裁或提起诉讼。这是案外人拥有另行起诉权利的理论基础。

首先，本文在第一部分质疑了仲裁裁决会损害案外人权益这一前提要件。遵循仲裁裁决作用的诉讼法说，损害案外人权益的并不是内容有误的仲裁裁决，而是仲裁当事人之间的法律行为。以典型的债权侵害型虚假仲裁为例，[②] 债务人为规避对其财产的执行、减少债权人债权可实现的金额，与第三人串通利用仲裁程序确认第三人对债务人享有债权并履行该债务。此时，仲裁当事人虚构的债务关系并不因为经过裁决确认而成真。损害债权人权益的是债务人与第三人虚构债务关系并转移财产的行为。债权人请求确认债务人与第三人之间的债务关系不存在、财产给付行为无效，才是找对了损害其债权的根源。

其次，本文在第二部分质疑了不予执行制度在程序要件方面要求案外人在进入执行程序后才可以寻求救济的合理性。与此不同，案外人采取另诉方式并不受仲裁案件处于何种程序阶段的限制，只要发现权利被侵害即可提起诉讼。同时，提起普通民事诉讼而非不予执行仲裁裁决的特别救济程序，案外人可以获得更多的案件准备时间。不论是通常的诉讼时效 3 年还是提起撤

① 参见林剑锋、时辉：《以虚假仲裁裁决书提出案外人异议的规制与对策》，载《北京仲裁》2014 年第 2 期，第 30 页；沈伟：《我国仲裁司法审查制度的规范分析——缘起、演进、机理和缺陷》，载《法学论坛》2019 年第 1 期，第 128 页。

② 类似的案例参见广东省高级人民法院（2018）粤执复 320 号；福建省高级人民法院（2019）闽执复 20 号。

销的除斥期间1年，案外人权利受保护的期间实际上都比不予执行制度规定的“自知道或者应当知道人民法院对该标的采取执行措施之日起30日”要长。强行要求案外人通过不予执行制度寻求救济，实际上损害了案外人原本在另诉程序中本应享有的程序权利。

最后，本文在第三部分质疑了不予执行制度的终局性效果。不予执行制度仅涉及裁决的执行力问题，并不能为案外人提供实体法律关系上的救济。而通过另行起诉的方式，案外人可以针对损害自身权利的行为提起诉讼，同时主张确认自己的权利，才能实现对案外人进行救济的最终目的。

（二）另行起诉较不予执行制度更具有程序规范性

首先，对仲裁裁决不予执行申请的审查程序，仲裁法、民事诉讼法及相关法律法规和司法解释均未作出规定。实践中，不予执行仲裁裁决案件的受理法院则创新地采用听证程序进行审查，但在查明案件事实及法律适用问题上，又参照庭审程序，设置听证调查、辩论、最后陈述等环节。这样，就形成了一种与听证或庭审方式都有所区别的“另类”审查方式。①由于不予执行的审查缺乏程序规定，案外人的程序权利也就难以得到保障。就案外人申请不予执行的实质审查要件来看，案外人与仲裁当事人就法律关系的真实性存在争议、对仲裁裁决的实体问题存在质疑。要处理案外人与仲裁当事人之间的争议、审查仲裁裁决实体问题的正确性，理应采取案外人与仲裁当事人两造对抗的形式，让双方就争议焦点进行充分辩论。上述不规范的审查方式显然欠缺程序正当性。重新审视对案外人申请不予执行的制度安排：从要求组成合议庭审理，到两个月的审查时间，再到不予执行的裁定可以申请复议，可以看出其在性质上并不同于一般的执行救济程序或者非讼程序。因此，对案外人申请不予执行审理过程中所给予的程序保障，也不应该受执行程序或者非讼程序追求效率、程序简化的限制。未来如果坚持用不予执行制度作为案外人在执行阶段的救济途径，那么审查程序应该进行诉讼化改造，适用普通程序进行审理，使当事人获得法官亲历、程序透明、两造对抗的程序保障。同时可以考虑借鉴案外人异议之诉在排除强制执行的同时确认案外人权利的制度安排，不但在不予执行程序中处理案外人消灭仲裁裁决执行力的请求，同时

① 参见姜建新、陈立伟：《关于仲裁裁决司法审查的调查与思考——对不予执行及申请撤销仲裁审查的实证分析》，载《法律适用》2013年第10期，第97页。

处理案外人和仲裁当事人之间的实体法律关系争议。实际上，这样的安排也是案外人申请不予执行和案外人就争议法律关系另行起诉两个诉的合并审理。在这样的改造完成之前，另行起诉仍然是案外人在获得充分程序保障的前提下解决实体问题争议的唯一路径。

其次，《最高人民法院关于仲裁司法审查案件报核问题的有关规定》第2条第2款明确了国内不予执行仲裁裁决的报核制度："各中级人民法院或者专门人民法院办理非涉外涉港澳台仲裁司法审查案件，经审查拟认定仲裁协议无效，不予执行或者撤销我国内地仲裁机构的仲裁裁决，应当向本辖区所属高级人民法院报核；待高级人民法院审核后，方可依高级人民法院的审核意见作出裁定。"案外人无法参与到不透明的报核程序当中，知情权也无法得到保障。相比之下，一般诉讼程序遵循各审级独立的原则，程序透明度和规范性有严格的制度约束。

（三）仲裁中的预决事实对另行起诉的影响力减弱

最高人民法院2001年颁布的《最高人民法院关于民事诉讼证据的若干规定》（以下简称《证据规定》）第9条规定了生效判决和仲裁裁决确认的事实具有预决效力，当事人无需举证证明。在后诉中将作为生效裁判或仲裁裁决内容的事实推定为真，由主张该事实不存在的一方承担举证责任。预决效力的规定因为在理论上缺乏支持、在实践中效力泛化而引起学界争议。在立法论上否定预决效力的观点中，有学者从判决效力理论的角度，认为预决效力难以得到传统既判力理论的支持，也不同于既判力的事实排除效力以及公文书的证明力规则；[①] 有学者从程序正当的角度，认为该规定违反了法官独立审判原则以及自由心证原则、造成裁判的证据评价过程缺失，并且使后诉当事人缺乏程序保障。[②] 在解释论上主张对预决效力进行限缩的观点中，裁判类型、事实类型、作用主体是三个主要的限制方面：在裁判类型上，应该区分民事判决、刑事判决、行政判决预决效力的不同；[③] 在事实类型上，调解书中确认的

① 参见曹志勋：《反思事实预决效力》，载《现代法学》2015年第1期，第130—138页。

② 参见段文波：《预决力批判与事实性证明效展开》，载《法律科学》2015年第5期，第109页。

③ 参见江伟、常廷彬：《论已确认事实的预决力》，载《中国法学》2008年第3期，第102—109页；傅郁林：《论民事诉讼当事人的诚信义务》，载《法治现代化研究》2017年第6期，第135页。

事实和自认事实不应该具有预决效力；[①] 在作用主体上，生效裁判文书预决效力不应该用来对抗当事人以外的第三人。[②]

与本文讨论的生效裁判损害案外人权益关联最密切的就是预决效力作用主体范围的问题。我国对于预决效力的规定没有限制作用主体的范围，使得前案裁判的效力范围借由事实认定的预决效力，在主体上由当事人扩张到了案外人。虽然这一规定似乎预留了后案中案外人推翻"预决事实"的权利和机会，但是却存在案外人证明上的困难。如此规定侵犯了案外人未经听审和辩论不受裁判约束的基本程序保障权，也违背了既判力相对性原则。[③] 然而，由于立法和司法解释并未明确限制预决效力作用主体范围，司法实践中确实存在仲裁裁决的预决效力约束案外人的法院判例。[④]

2019 年《证据规定》修改后仍然没有预决效力的主体范围，但是在《最高人民法院新民事诉讼证据规定理解与适用》一书中，最高人民法院采取了限制仲裁裁决预决力范围的观点。最高人民法院明确：就预决力的主观范围而言，只有仲裁当事人才受预决力的作用。对非前案当事人之主体，从保障程序利益的立场出发，不应令其受预决力的拘束，也避免因仲裁合意性特点，使案外人利益受本案当事人合谋之侵害。[⑤]

同时，2019 年修改后的《证据规定》对于仲裁裁决认定事实的免证否定要求降低、仲裁裁决的预决效力强度减弱。2001 年《证据规定》第 9 条对仲裁中免证事实的表述为"下列事实，当事人无需举证证明：……已为仲裁机构的生效裁决所确认的事实……当事人有相反证据足以推翻的除外"；2019 年修

---

① 参见任重：《论虚假诉讼——兼评我国第三人撤销诉讼实践》，载《中国法学》2014 年第 6 期，第 261 页。

② 参见傅郁林：《改革开放四十年中国民事诉讼法学的发展》，载《中外法学》2018 年第 6 期，第 1428 页。也有学者存在相反的意见，认为预决效力主要在前后诉当事人不一致的情形下发挥作用。即便主张此种观点，该文章也认为应当遵循程序保障原理，区分生效判决对未能参加前诉的当事人的证明强度。参见王亚新：《第三人撤销之诉原告适格的再考察》，载《法学研究》2014 年第 6 期，第 132—146 页。

③ 参见傅郁林：《论民事诉讼当事人的诚信义务》，载《法治现代化研究》2017 年第 6 期，第 136 页。

④ 相关的法院判例参见最高人民法院（2017）最高法民申 2493 号；深圳市中级人民法院（2013）深中法民终字第 1857 号。

⑤ 最高人民法院民事审判第一庭编著：《最高人民法院新民事诉讼证据规定理解与适用》，人民法院出版社 2020 年版，第 162 页。

改后的《证据规定》第10条的表述为："下列事实，当事人无须举证证明：……已为仲裁机构的生效裁决所确认的事实……当事人有相反证据足以反驳的除外……"。两者最重要的不同在于，旧《证据规定》中将仲裁裁决与生效法院裁判和公证文书的预决效力对等，对免证否定的要求都是足以"推翻"；新《证据规定》不再将仲裁裁决与法院裁判和公证文书并列，而是将其划归其余几类免证事实，对免证否定的要求降低为足以"反驳"。对免证否定强度的要求是"推翻"还是"反驳"，实际上决定了后诉当事人证明责任的分配。在仅要求"反驳"的情况下，当事人提出的反证的证明力不必达到推翻该事实的程度，只需要动摇免证事实对法官的心证基础，使其处于真伪不明状态即可。[①] 仲裁裁决的预决效力强度不再和法院裁判以及公证文书并列，仲裁裁决的强预决力自此终结。即便司法实践中再有将仲裁裁决预决效力不当地向案外人扩张的情形，案外人在后诉中主张该事实不存在的证明负担也会有所减轻。

结　语

为了规制虚假仲裁现象，《仲裁裁决执行规定》创设了案外人申请不予执行仲裁裁决制度。该制度实际上是在民事诉讼法与仲裁法之外，通过司法解释的方式增设了一项全新的仲裁司法审查规则，以实现对案外人的救济。这一救济途径仅由两条司法解释粗疏规定，缺少对具体要件的阐释和配套的程序规范，因而有必要从理论与实践的角度审视该制度的合理性。

本文经过分析认为案外人申请不予执行仲裁裁决制度在以下三个层面欠缺合理性：就构成要件而言，在坚持既判力相对性原则和裁决作用方式的诉讼法说的基础上，"仲裁裁决侵害案外人权益"这一实质要件很难满足；就实践效果而言，案外人对恶意仲裁行为的证明困难以及只能在执行阶段提出申请的程序限制都降低了其获得救济的可能性；就法律效果而言，不予执行程序并不能为案外人提供实体法上的终局救济。相比之下，另行起诉才是案外人寻求救济的合理方式。案外人针对仲裁当事人侵害其民事权益的行为提起诉讼，既可以在实体上消除权益被侵害的后果，又可以在程序上获得更多的保障。通过不予执行仲裁裁决的方式为案外人提供救济，既扭曲了裁判效力的基本

---

① 最高人民法院民事审判第一庭编著：《最高人民法院新民事诉讼证据规定理解与适用》，人民法院出版社2020年版，第162页。

原理，也影响了仲裁程序的高效和权威，还混淆了不予执行的法律效果，救济机制和制度功能、救济目的不能契合。[①]

另行起诉本来并不需要特殊强调，它是法律原本就赋予案外人的权利。只是由于既判力制度的缺失、对仲裁裁决作用方式的误读以及出现问题就用新的补丁堵上漏洞的惯性思维，让我们忽略了案外人原本就享有的诉权，反而创造出违背制度逻辑且实践效果不佳的新制度。完善我国既判力制度、限制仲裁裁决作用的主观范围、保证案外人另诉渠道的畅通，才是保护案外人权益的关键。

① 参见潘剑锋：《论建构民事程序权利救济机制的基本原则》，载《中国法学》2015年第2期，第34—35页。

非对称仲裁条款在中国的效力认定

覃曦菡 *

● **摘要**

非对称仲裁条款仅仅允许一方当事人从诉讼或仲裁中选择其一作为争议解决方式，而另外一方只能服从安排。目前，中国尚未对此有专门规定，司法实践中的意见也并不一致。笔者在对其概念、类型、特征、性质以及背后的价值考量进行梳理之后，通过研究分析中国关于仲裁协议有效性的规定和司法判例，发现非对称仲裁条款是否有效的争议焦点在于我国关于“或裁或审”协议无效的立场是否会成为其效力认定的法律阻碍，以及非对称仲裁条款是否实质违反了我国的“或裁或审”制度。经分析，非对称仲裁条款并不等同于“或裁或审”协议。无论是受益方行使选择权前后还是放弃选择，理论上都不会出现又裁又审问题。最后，笔者结合中国的实际情况提出了相应建议。

● **关键词**

非对称　仲裁条款效力　意思自治原则　平等原则　“或裁或审”制度

Abstract: Asymmetrical arbitration clause includes options of litigation and arbitration at the same time, but only offers the right to

---

* 覃曦菡，中国人民大学法学院 2018 级法律硕士（国际法方向）。

choose to one party while the other party should obey. At present, there is no specific provision and no consensus has been reached in judicial practice. After studying the concept, classification, characteristics, nature and value consideration behind it, as well as exploring the relevant laws and regulations and judicial precedents in China, the focus of controversy can be concluded as whether the attitude towards "selecting arbitration or litigation" clause in China will affect the validity determination of asymmetrical arbitration clause and whether such special clause materially breaches the "arbitration or litigation" dispute resolution system. After detailed analysis, asymmetrical arbitration clause should be considered different from "selecting arbitration or litigation" clause. Besides, there are no issues of conflicting arbitration and litigation in theory before and after the beneficiary exercises its option, and in the case where the beneficiary waives its option. Finally, suggestions are given accordingly based on the actual situation in China.

Key Words: asymmetry, validity of arbitration clause, principle of party autonomy, principle of equality, "arbitration or litigation" dispute resolution system

一、非对称仲裁条款概述

（一）非对称仲裁条款的概念梳理

一般而言，争议解决条款具有中立性。无论发生何种争议，都必须依照合同中已经约定好的方式进行解决，而不能应任意一方当事人的需求而发生临时的变动。但是在商事实践中出现了一种特殊的争议解决条款——非对称仲裁条款（Asymmetrical Arbitration Clauses[①]），引起学界关注。在争议解决

① See Gary B. Born, *International Commercial Arbitration*, Kluwer Law International, Vol.1, 2009, p.732; Alan Scott Rau, *Chapter 2: Asymmetrical Arbitration Clauses-The United States*, in Bachir Georges Affaki and Horacio Alberto Grigera Naón (eds), Jurisdictional Choices in Times of Trouble, Dossiers of the ICC Institute of World Business Law, Vol. 12, Kluwer Law International, 2015, p. 21.

的语境下，非对称指的是只赋予一方当事人从诉讼或者仲裁中选择其一作为争议解决方式。该条款反映出合同中的一方当事人处于更优越的谈判地位，特殊的权利设置使其能在争议发生之后再对诉讼和仲裁作出选择，从而确保纠纷能够在最有利于己方的平台获得审理。拥有选择权的优势一方通常被称为受益方（Beneficiary①），而没有选择权的被动一方则被称为非受益方（Non-beneficiary②）。

需要说明的是，事实上外国学界和实务界中更为常见的命名为“Unilateral Optional Arbitration Clauses”（单边选择仲裁条款）③，而在我国多数研究者经过学习借鉴也选择命名为单边选择仲裁条款④。但当外国学者提及 Unilateral Optional Arbitration Clauses 时，绝大多数情况下他们专门指的是一方当事人必须将纠纷提交法院，但另一方当事人还能选择仲裁的情形⑤。而中国研究者在使用同一概念时，所指范围更广，还包括一方当事人必须将纠纷提交仲裁，

① See Bas van Zelst, *Unilateral Option Arbitration Clauses in the EU: A Comparative Assessment of the Operation of Unilateral Option Arbitration Clauses in the European Context*, Journal of International Arbitration, Vol. 33, No. 4, 365, 367(2016).

② See Pavlo Malyuta, *Compatibility of Unilateral Option Clauses with the European Convention on Human Rights*, UCL Journal of Law and Jurisprudence, Vol. 8, No. 1, 4(2019).

③ See Simon Nesbitt, Henry Quinlan, *The Status and Operation of Unilateral or Optional Arbitration Clauses*, Arbitration International, Vol. 22, No. 1, 134(2006); Bas van Zelst, *Unilateral Option Arbitration Clauses: An Unequivocal Choice for Arbitration under the ECHR*, Maastricht Journal of European and Comparative Law, Vol. 25, No. 1, 78(2018).

④ 参见薄富超：《单边选择性仲裁条款的法律困境研究》，华东政法大学 2017 年硕士学位论文；马敏：《单边选择仲裁条款的有效性研究》，苏州大学 2017 年硕士学位论文；李颖健：《单方选择性仲裁条款的法律效力研究》，华东政法大学 2020 年硕士学位论文。

⑤ See Simon Nesbitt, Henry Quinlan, *The Status and Operation of Unilateral or Optional Arbitration Clauses*, Arbitration International, Vol. 22, No. 1, 134(2006); Pavlo Malyuta, *Compatibility of Unilateral Option Clauses with the European Convention on Human Rights*, UCL Journal of Law and Jurisprudence, Vol. 8, No. 1, 1(2019); Bas van Zelst, *Unilateral Option Arbitration Clauses: An Unequivocal Choice for Arbitration under the ECHR*, Maastricht Journal of European and Comparative Law, Vol. 25, No. 1, 78(2018); 桑远棵：《单边选择争议解决条款的效力研究》，载《北京仲裁》2018 年第 4 期，第 238—239 页。

但另一方当事人还能选择诉讼的情形[①]。因此，为了避免歧义，本文遵从Gary B. Born的做法，将此种特殊的管辖约定命名为“非对称仲裁条款”[②]。此外，以“非对称”作为修饰语比起“单边选择”更为合适的原因还在于受益方并不总是也并不必然行使其单方性权利；该条款的本质特征在于一方当事人比另一方当事人拥有更多的争议解决方式选择权，权利的不对称性是其本质特征[③]。

（二）非对称仲裁条款的类型划分

从对非受益方的限制以及受益方的选择范围进行区分的角度而言，非对称仲裁条款可以分为两类。第一类为单边诉讼条款，根据该条款，当事人之间的纠纷都应当提交仲裁，但其中一方当事人还拥有选择诉讼的权利；第二类为单边仲裁条款，该条款中当事方应当以诉讼为争议解决方式，但特定一方当事人还能选择仲裁。[④]

从受益方是否明确、特定的角度而言，也可将非对称仲裁条款分为两类，即受益方特定的非对称仲裁条款，以及受益方非特定的非对称仲裁条款。所谓受益方特定，即在非对称仲裁条款中已经明确某特定一方当事人，例如某银行拥有从仲裁和诉讼中做出选择的权利。而受益方非特定，即并不指定某一方当事人拥有选择权，而是约定申请方/原告有权进行选择，典型案例为

---

① 参见朱彤：《非对称性仲裁协议效力问题研究》，大连海事大学2019年硕士学位论文，第3页；许晨：《非对称性仲裁条款的效力分析》，载《黄冈职业技术学院学报》2018年第5期，第74页；李颖健：《单方选择性仲裁条款的法律效力研究》，华东政法大学2020年硕士学位论文，第14页；马敏：《单边选择仲裁条款的有效性研究》，苏州大学2017年硕士学位论文；薄富超：《单边选择性仲裁条款的法律困境研究》，华东政法大学2017年硕士学位论文。

② See Gary B. Born, *International Commercial Arbitration*, Kluwer Law International, Vol.1, 2009, p. 732.

③ See Alan Scott Rau, *Chapter 2*: *Asymmetrical Arbitration Clauses-The United States*, in Bachir Georges Affaki and Horacio Alberto Grigera Naón (eds), Jurisdictional Choices in Times of Trouble, Dossiers of the ICC Institute of World Business Law, Vol. 12, Kluwer Law International, 2015, p. 21.

④ See Simon Nesbitt, Henry Quinlan, *The Status and Operation of Unilateral or Optional Arbitration Clauses*, *Arbitration International*, Vol. 22, No. 1, 134 (2006); Pavlo Malyuta, *Compatibility of Unilateral Option Clauses with the European Convention on Human Rights*, UCL Journal of Law and Jurisprudence, Vol. 8, No. 1, 1 (2019); Bas van Zelst, *Unilateral Option Arbitration Clauses*: *An Unequivocal Choice for Arbitration under the ECHR*, Maastricht Journal of European and Comparative Law, Vol. 25, No. 1, 78 (2018)；参见桑远棵：《单边选择争议解决条款的效力研究》，载《北京仲裁》2018年第4期，第238—239页。

俄罗斯的 Piramida LLC v. BOT LLC 案[①]，英国的 Ourspace Ventures Limited v. Halliwell 案[②]。实践中，受益方特定的非对称仲裁条款比较常见，但做类似于后者约定的情况较少。

此外，尽管大多数的非对称仲裁条款通常会在书面上明确约定某一方有权选择仲裁或者诉讼，而另一方只能服从安排。但也应当注意实践中存在更为隐晦的约定方式[③]，即约定某特定的一方（例如消费者）必须将关于合同的所有争议提交仲裁 / 或者诉诸法院；然而对于合同另一方（例如经营者）是否必须也选择仲裁 / 诉讼避而不谈，但其实质上等同于赋予了他们其他争议解决方式的选择权。

（三）非对称仲裁条款的典型特征

1. 混合性

非对称仲裁条款同时包含了仲裁以及诉讼两种争议解决方式，因而其不同于一般的仲裁条款或者管辖权条款，具有鲜明的混合性。该条款中同时包括两种意思表示，即将争议提交仲裁的意思表示以及将争议诉诸法院的意思表示。实践中，当事人一般还会就两种争议解决方式的细节做出明确约定，包括法院地、仲裁地、仲裁员的人数等。

2. 不对称性

不对称性是非对称仲裁条款的特征，也是其饱受争议之处。非对称仲裁条款仅仅赋予一方当事人从仲裁和诉讼中做出选择的权利，另一方当事人只能进行仲裁或者只能进行诉讼。一方当事人比起另一方在争议解决方式的选择上拥有更多选择。因此，这种特别的约定将导致受益方比非受益方在纠纷解决程序的启动方面拥有显著优势，造成权利义务的不对等。

3. 单方性

单方性即指在纠纷发生之后将以何种争议解决方式进行解决是由受益方单方行为所决定，仅仅需要受益方的意思表示，此时并不需要再和非受益方

---

① *Piramida LLC v. BOT LLC*, 310- Э С14-5919, Supreme Arbitrazh Court of the Russian Federation（2015）.

② *Ourspace Ventures Limited v. Halliwell*, [2019] EWHC 3475（Ch）, England and Wales High Court（Chancery Division）（2019）.

③ *Circuit City Stores v. Adams*, 279 F.3d 889, United States Court of Appeals for the Ninth Circuit（2002）.

进行又一轮协商或者额外再取得非受益方的同意。受益方之所以能够获得此种单方性权利是基于双方对此达成了约定。在条款订立之时，非受益方对自身的程序性利益进行了处置，同意放弃争议解决方式选择权，并自愿承担服从受益方程序安排的义务。

（四）非对称仲裁条款的性质探讨

不同于传统的仲裁协议，非对称仲裁条款极为特殊。它的特别之处体现在：该条款具备仲裁和诉讼两种合意，当且仅当受益方做出选择之时，才指向特定且唯一的纠纷解决方式。这全然不同于传统的争议解决条款。例如若当事人约定了传统的仲裁协议，在纠纷实际发生之前，就可以明确当事人必定会将纠纷提交至仲裁庭。鉴于非对称仲裁条款的特殊性，学界关于非对称仲裁条款的性质为何并未达成一致意见，有的主张属于仲裁条款，而有的则认为系仲裁和诉讼的混合管辖条款。

若是将非对称仲裁条款认定为本质上属于仲裁协议，那么对其效力的分析应当严格依照仲裁协议的生效要件。由此也产生了两种观点，一种观点认为非对称仲裁条款属于无效仲裁协议，原因在于该条款缺乏提交仲裁的合意。另一种观点则认为非对称仲裁条款属于瑕疵仲裁协议，[①]但能够通过补救措施使其有效。

而如果认为非对称仲裁条款属于混合管辖条款，[②]那么应当将非对称仲裁条款理解为包含了仲裁条款和诉讼条款的管辖条款。由此，法院在审查此类条款时，就可以将其分割为两个部分来审查，即使认为欠缺提交仲裁的合意，或认为仅仅赋予一方将争议提交仲裁机构的权利是违反公平原则的，那么也仅仅是得出该条款部分无效的结论，即仲裁条款无效，但是应当支持诉讼条款的效力，尊重当事人对管辖法院的选择。笔者认为将非对称仲裁条款定性为混合管辖条款，更能充分地概括和体现其本质特征，也有利于对其效力展开分析，且在中国对仲裁合意要求较为严格的司法环境下也更有利于提出具有针对性的对策建议。

---

① 参见白钢:《论瑕疵仲裁协议的效力认定》，载《河北法学》2014年第7期，第172—176页。

② 参见陈剑玲:《诉讼仲裁多重管辖条款的效力问题》，载对外经济贸易大学法学院编:《沧海瞭航：法学教师论文集（下）》，对外经济贸易大学出版社2011年版，第236页。

（五）非对称仲裁条款背后的价值冲突

非对称仲裁条款的效力争议实质上反映了两大基本原则——意思自治原则和平等原则的价值冲突。仲裁中意思自治的目的在于形成以仲裁当事人的选择权为支配力量的自我发展体系，[①]赋予当事人自由订立商事仲裁协议的权利乃应有之义；与此同时，对公平公正的永恒追求要求必须对意思自治进行限制，平等原则要求不能仅仅将程序的选择权赋予一方当事人，否则将会导致双方权利不平等。

意思自治原则是私法理念的核心。意思自治以自由为前提和基础，[②]尊重当事人的意志和权利是其基本内涵。该原则已经被各国国内法所普遍接受，也获得了各国际仲裁机构的承认，已经成为商事仲裁中的首要原则。商事仲裁的意思自治直接以管辖权的归属和裁判的具体程序为内容。双方当事人通过达成合意的方式将对裁判权的权威确信赋予仲裁庭。意思自治原则的价值就在于赋予当事人对于争议解决的选择权和控制权，不受外界的干预。当事人关于争议解决方式的商定、仲裁条款的约定和设计，正是当事方实现意思自治的具体体现。

而否定非对称仲裁条款效力者所持观点莫过于当事人的自治并非没有限度，外部干预也是必需的。私法领域中另一重要原则——平等原则为意思自治划定应有之边界。当交易双方同样面临纠纷的发生时，他们应当对争议解决方式拥有同等的选择权，即他们应当都能从诉讼或者仲裁中做出选择或者都应当只能将争议提交至特定的平台进行解决。仅仅一方拥有选择仲裁的权利很显然违反了平等原则，那么国家权力不能消极放任当事人随意减损另一方的权利。鉴于此，剥夺其中一方程序选择权的仲裁条款的效力不应当得到承认。

但笔者认为，对非对称仲裁条款是否违反平等原则的探讨，绝不能脱离条款产生的背景和应用的商事场景。在金融领域中，拥有争议解决方式选择权的一方多为贷款人、担保方，作为承担更大风险的补偿，他们希望在纠纷解决方式的选择上拥有更大的灵活性。因而尽管从条款的表征上看，非受益方显然相

---

① 参见林一：《国际商事仲裁中的意思自治原则——基于现代商业社会的考察》，法律出版社 2018 年版，第 75 页。

② 参见胡伟：《意思自治的法哲学研究》，中国社会科学出版社 2012 年版，第 189 页。

对于受益方而言处于不利的地位。但无论是从实体还是程序的角度进行考察，非对称仲裁条款都未实质损害非受益方的权利，也即并未实质违反平等原则的要求；相反，此种仲裁条款设计更好地维护了合同双方当事人之间权利和义务的微妙平衡。不过，在涉及消费者等弱势群体时，则不能放任处于经济优势地位的一方滥用非对称仲裁条款，否则将严重损害弱势一方的利益。

二、中国关于非对称仲裁条款效力认定的司法现状

（一）关于仲裁协议效力的相关规定

根据《仲裁法》，有效的仲裁协议除了要满足形式要件，还应当满足实质要件。形式要件即仲裁协议应当以书面形式订立，口头方式无效。[①] 关于实质要件，《仲裁法》第3条要求仲裁事项必须具有可仲裁性，婚姻、收养等具有人身性质的纠纷以及依法应当由行政机关处理的行政争议不能提交仲裁。[②] 因此，非对称仲裁条款约定的仲裁事项不能属于上述不允许提交仲裁的范围。《仲裁法》第16条第2款还对仲裁协议应当包含的内容做出了要求，必须包含（1）请求仲裁的意思表示；（2）仲裁事项；（3）选定的仲裁委员会。[③] 我国法律对于第1项即是否具有请求仲裁的意思表示从严把握，认为仲裁条款中应当仅仅包含请求仲裁的合意。鉴于非对称仲裁条款本身关于是否必将纠纷提交仲裁的意思表示是并不明确的，因此对非对称仲裁条款效力的认定造成了较大的挑战。

此外，根据《最高人民法院关于适用〈中华人民共和国仲裁法〉若干问题的解释》（以下简称《仲裁法司法解释》）第7条，我国专门规定“或裁或审”协议原则上无效，除非一方提起仲裁后，另一方没有在规定时间内提出异议。[④]

---

① 《仲裁法》第16条第1款，“仲裁协议包括合同中订立的仲裁条款和以其他书面方式在纠纷发生前或者纠纷发生后达成的请求仲裁的协议”。

② 《仲裁法》第3条，“下列纠纷不能仲裁：（一）婚姻、收养、监护、扶养、继承纠纷；（二）依法应当由行政机关处理的行政争议”。

③ 《仲裁法》第16条第2款，“仲裁协议应当具有下列内容：（一）请求仲裁的意思表示；（二）仲裁事项；（三）选定的仲裁委员会”。

④ 《仲裁法司法解释》第7条，“当事人约定争议可以向仲裁机构申请仲裁也可以向人民法院起诉的，仲裁协议无效。但一方向仲裁机构申请仲裁，另一方未在仲裁法第二十条第二款规定期间内提出异议的除外”。

在实践中，法院在处理当事人对争议解决方式约定不明确的案件时，时常援引该条款作为无效的法律依据。而这也是非对称仲裁条款效力认定面临的最大法律阻碍。

但如果非对称仲裁协议具有涉外因素，法院不会直接依据中国的法律规定和司法解释来直接认定其效力，而是首先得确定该仲裁协议的适用法律，再依据该法律来进行司法审查。根据2018年《最高人民法院关于审理仲裁司法审查案件若干问题的规定》第14条，在确定确认涉外仲裁协议效力的准据法时，如果当事人并没有对准据法作出选择，而适用仲裁机构所在地的法律与适用仲裁地的法律将得出不同的效力认定结论，则人民法院应当适用确认仲裁协议有效的法律。[①] 由此可知，如果非对称仲裁协议具有涉外因素，那么中国法院根据"使仲裁协议有效"原则，很可能会倾向于认定非对称仲裁协议是有效的。

值得注意的是，1999年《北京市高级人民法院关于审理请求裁定仲裁协议效力、申请撤销仲裁裁决案件的若干问题的意见》第5条第3项指出，仲裁协议显失公平则应当被认定为无效。[②] 该意见发布于20多年前，至今仍然未失效，在一定程度上反映了北京地区法院对仲裁协议进行司法审查采取的标准。而2008年最高人民法院民事审判第四庭发布的《涉外商事海事审判实务问题解答》中第80问也提及，如果当事人在涉外合同中约定提请仲裁的权利是不平等的，违背了公平、合理的法律原则，那么应认定该仲裁协议无效。但事实上，这些都属于法院的工作指引，并非效力性强制性规定，并不具有约束力。经笔者公开检索，尚未发现实践中曾有任何法院援引前述规定以显失公平认定涉外或非涉外仲裁协议无效的判例。

（二）中国司法实践的意见梳理

中国已经出现了关于非对称仲裁条款的效力认定的法院实践，从笔者检

---

① 《最高人民法院关于审理仲裁司法审查案件若干问题的规定》第14条，"人民法院根据《中华人民共和国涉外民事关系法律适用法》第十八条的规定，确定确认涉外仲裁协议效力适用的法律时，当事人没有选择适用的法律，适用仲裁机构所在地的法律与适用仲裁地的法律将对仲裁协议的效力作出不同认定的，人民法院应当适用确认仲裁协议有效的法律"。

② 根据《北京市高级人民法院关于审理请求裁定仲裁协议效力、申请撤销仲裁裁决案件的若干问题的意见》第5条第3项，下列仲裁协议应当认定无效："仲裁协议显失公平。如：'发生争议，由卖方选择其认为适当的仲裁机构进行仲裁'。该协议直接剥夺了一方当事人寻求解决纠纷途径的权利。"

索到的案例来看，目前主要分为三种观点：（1）无效；（2）部分无效部分有效；（3）有效。

认定非对称仲裁条款无效的代表性案例是陈某华等申请星展银行（中国）有限公司上海分行确认仲裁协议效力案。[①] 陈某华、陈某梅等作为保证人与星展银行上海分行作为权利人签订《保证合同》，该合同第19条管辖权部分约定，"（1）合同各方一致同意本合同项下与担保金融衍生产品交易有关的任何争议应提交中国国际经济贸易仲裁委员会按照届时有效的《中国国际经济贸易仲裁委员会金融争议仲裁规则》以仲裁方式解决。（2）上述约定并不排除星展银行上海分行在任何对本合同有管辖权的其他争议解决机构（无论一个或多个司法区域）提起主张或者申请强制执行的权利"。这也意味着，星展银行上海分行有权在仲裁程序之外选择诉讼作为争议解决方式。北京市第二中级人民法院认为，非对称仲裁条款事实上赋予了合同双方当事人既可以选择仲裁，还可以选择诉诸法院的权利，根据《仲裁法司法解释》第7条之规定，应当认定涉案仲裁条款无效。由此可以看出，在北京市第二中级人民法院看来，非对称仲裁条款即《仲裁法司法解释》第7条所规定的"或裁或审"协议，因而无法认可、支持其效力。但是北京市第二中级人民法院并没有就此进行更为详细的说理论证。

2020年海南省高级人民法院对非对称仲裁条款作出了部分无效部分有效的认定。在海南某小额贷款有限公司与海南某房地产开发有限公司、周某管辖案[②]中，合同第10条约定合同争议的解决方式是："本合同项下的任何争议，应由双方友好协商解决，若协商不成，乙方可向甲方所在地的人民法院提起诉讼，甲方可自行选择以下任一方式维护权利，乙方无异议：1. 向甲方所在地的人民法院提起诉讼；2. 向海南仲裁委员会申请仲裁；……"该争议解决条款要求乙方以诉讼方式解决纠纷，但是甲方可以从诉讼和仲裁中择其一来维护自身权利。法院认为选择权的特殊约定因为允许甲方又能选择诉讼又能选择仲裁，根据《仲裁法司法解释》第7条当属无效。但是根据2017年《民事诉

① 陈某华等申请星展银行（中国）有限公司上海分行确认仲裁协议效力案，北京市第二中级人民法院（2016）京02民特93号民事裁定书。

② 海南某小额贷款有限公司与海南某房地产开发有限公司、周某管辖案，海南省高级人民法院（2020）琼民辖2号民事裁定书。

讼法》第 34 条的规定[①]，合同争议解决方式中关于管辖法院的约定符合法律规定，应当认可其效力，对当事双方具有约束力。海南省高院并没有否定非对称仲裁条款的整体效力，其采取了分割处理的方法，从而认定部分有效部分无效。

在厦门某化工有限公司诉瑞士艾伯特贸易有限公司买卖合同纠纷案[②]中，上海市第一中级人民法院则支持了非对称仲裁条款之效力。双方在《销售确认书》约定"出售方瑞士艾伯特贸易有限公司可以选择将由此产生的一切争议提交瑞士楚格州法院解决或根据巴黎国际商会仲裁调解规则在楚格州进行仲裁"。厦门某化工有限公司认为该条款赋予了瑞士艾伯特贸易有限公司单方选择争议解决方式的权利，却限制了己方诉讼的权利，故而起诉到上海市浦东新区人民法院。上海市浦东新区人民法院认定非对称仲裁条款有效后，厦门某化工有限公司又上诉至上海市第一中级人民法院。上海市第一中级人民法院经审理认为，尽管该约定授予瑞士艾伯特贸易有限公司一方单方决定争议解决方式的权利，但该约定是双方自愿达成的，法院应当尊重当事人的意思自治。法律对于此种特别约定并无禁止性规定。且法院认为该约定并不足以造成双方权利义务显失公平。最终上海市第一中级人民法院支持了非对称仲裁条款的效力，驳回上诉，维持原裁定。

上海市的两级法院对于非对称仲裁条款的效力认定都保持了一致看法。首先，经研究现行法律法规，发现并无禁止此类管辖约定的规定；其次，考察双方的缔约过程，发现并无胁迫、欺诈等情形，确系当事人出于自愿达成的约定；最后，经分析认为并未违反平等原则，并未导致显失公平。最终，法院秉持支持意思自治原则的精神，认定非对称仲裁条款为有效。

上海市的法院和海南省高级人民法院在处理此种新型管辖约定时的思路都值得其他法院借鉴。倘若直接套用《仲裁法司法解释》第 7 条认定非对称仲裁条款整体无效，事实上是懒于思考，惰于分析的表现，其并未真正站在

---

① 2017 年《民事诉讼法》第 34 条（现为 2021 年《民事诉讼法》第 35 条），"合同或者其他财产权益纠纷的当事人可以书面协议选择被告住所地、合同履行地、合同签订地、原告住所地、标的物所在地等与争议有实际联系的地点的人民法院管辖，但不得违反本法对级别管辖和专属管辖的规定"。

② 厦门某化工有限公司诉瑞士艾伯特贸易有限公司买卖合同纠纷案，上海市第一中级人民法院（2016）沪 01 民终 3337 号民事裁定书。

试图解释当事人真实意思表示的基础上，进行合理公平的认定。此外，对当事人出于真实意思表示的管辖约定的效力否定将不利于纠纷的化解，也严重违背当事人意思自治原则。

三、非对称仲裁条款是否违反“或裁或审”制度之辨

《仲裁法司法解释》第7条规定“或裁或审”协议无效。鉴于非对称仲裁条款的设计与“或裁或审”协议十分相近，从表面上看差异在于前者仅仅是一方拥有争议解决方式的选择权，而后者则是能平等地做出选择，某种程度上说非对称仲裁条款可被视为“或裁或审”协议的一种变形。因而，国内外学者关于非对称仲裁条款在中国之效力认定，最为担心的是《仲裁法司法解释》第7条是否会成为非对称仲裁条款有效的法律阻碍，以及非对称仲裁条款是否实质违反了我国确立已久的或裁或审制度。

（一）“或裁或审”条款无效的因由及反思

根据《仲裁法司法解释》第7条，如果仲裁条款和管辖权条款并存，原则上仲裁条款是无效的；除非一方向仲裁机构申请仲裁，另一方未在《仲裁法》第20条第2款[①]规定期间内提出异议。尽管第7条之但书提供了无效的例外情形，但是仲裁管辖权的成立不是因为仲裁协议本身有效，而是因为一方当事人放弃了对仲裁管辖权的异议。因此，我国对“或裁或审”条款之效力的态度明确且严格，即此类条款之效力无法得到承认。它的上位法基础是《仲裁法》第16条第2款，即仲裁协议应当包含明确的仲裁合意。[②]《仲裁法司法解释》第7条体现了我国对于“请求仲裁的意思表示”的要求是十分严格的，即有效的仲裁协议只能有且仅有请求仲裁的意思表示。如果管辖约定中既包括“诉诸法院的意思表示”，又包括“请求仲裁的意思表示”，那么尽管条款中确实有“请求仲裁的意思表示”，也会被认定为这种意思表示是不明确的。

关于“或裁或审”条款无效的因由，最高人民法院对此的解释是：首先，仲裁和诉讼在性质上是互相排斥的，从这一点上说两者不能同时出现在同一争议解决条款中；其次，在同一条款中约定双方当事人都能同时从仲裁和诉讼

---

① 《仲裁法》第20条第2款，“当事人对仲裁协议的效力有异议，应当在仲裁庭首次开庭前提出”。

② 《仲裁法》第16条第2款，“仲裁协议应当具有下列内容：（一）请求仲裁的意思表示；（二）仲裁事项；（三）选定的仲裁委员会”。

中做出选择，那么到底是选择仲裁还是诉讼的意思表示不是确定的；最后，此种条款将导致出现管辖冲突的情况，可能会造成混乱的局面，还将造成仲裁和司法资源的浪费。[①] 出于这些考虑，最高人民法院主张不应当支持“或裁或审”条款的效力。

《仲裁法司法解释》第 7 条在实践中颇受争议，不少学者质疑最高人民法院是否确实能够通过司法解释在《仲裁法》之外创设新的仲裁协议无效事由。诚然，仲裁和诉讼是互斥的纠纷解决程序，并且有效的仲裁协议也将排除法院管辖。但是排除法院管辖权是有效仲裁协议的当然结果，却从来不是仲裁协议的生效要件。我国关于仲裁的法律制度也并未要求仲裁协议中应当写明排除法院管辖。因而，两种解决方式并列于当事人的管辖约定当中，不应当成为仲裁协议无效的理由。

（二）《仲裁法司法解释》第 7 条不适用于非对称仲裁条款

需要明确的一点是，非对称仲裁协议并不属于“或裁或审”协议。正如前文所述，尽管两者都在条款当中同时约定了仲裁和诉讼两种争议解决方式，可两者之间依然有显著区别。在“或裁或审”条款中，双方当事人平等地享有选择权，即任何一方都能够要求将纠纷提交仲裁或者诉讼。然而在非对称仲裁条款中，仅仅一方有权进行选择。

在“或裁或审”条款中，一方面，关于仲裁或者诉讼的选择权是双向的；另一方面，因为双方都有权进行选择，很可能出现双方做出不同选择从而不能就争议解决方式达成一致意见的局面，因此“或裁或审”条款在国际实践中也常被称为“相冲突的管辖条款”[②]。事实上，若当事人还需就如何解决纠纷另行进行商讨从而确定是诉至法院还是提交到仲裁庭，“或裁或审”条款作为争议解决协议难免落入形同虚设的境地。

非对称仲裁条款并不会出现两方都进行选择、两方产生矛盾的情况。根据该条款的设定，仅有一方当事人有权进行选择。非对称仲裁条款不允许非受益方进行选择，非受益方只能服从受益方的安排，按照受益方选定的方式

---

① 参见沈德咏、万鄂湘主编：《最高人民法院仲裁法司法解释的理解与适用》，人民法院出版社 2015 年版，第 76 页。

② See Richard Garnett, *Coexisting and Conflicting Jurisdiction and Arbitration Clauses*, Journal of Private International Law, Vol. 9, No. 3, 361 (2013).

来解决双方之纠纷。

非对称仲裁条款终究将指向特定且唯一的争议解决方式。依据该条款，并不会出现双方当事人无法达成一致意见时还需另就纠纷解决程序进行商讨的情况。因而，尽管表面上非对称仲裁条款和“或裁或审”协议较为相似，但是经仔细考究，非对称仲裁条款并不等同于“或裁或审”协议，也不属于“或裁或审”协议的一种类别。所以，并不能依据《仲裁法司法解释》第7条直接认定非对称仲裁条款无效。

（三）非对称仲裁条款未实质违反“或裁或审”制度

“或裁或审”制度的设计初衷和核心要求在于当事人选择某一特定争议解决方式的意思表示应当是明确的。《仲裁法》中关于仲裁协议的有效要件也明确要求存在有效的仲裁合意。在我国，若是同时约定诉讼或者仲裁，相当于当事人并没有对争议解决方式作出明确的约定，也即缺乏请求“仲裁”的有效合意。尽管非对称仲裁条款设计较为复杂，囊括了仲裁和诉讼两种争议解决方式。但事实上，非对称仲裁条款并未实质违反“或裁或审”制度，原因在于无论是受益方行使选择权之前、行使选择权之后还是放弃选择，理论上均不会出现又裁又审问题。

在受益方行使选择权之前，尽管非对称仲裁协议中提供了诉讼或者仲裁两种争议解决途径，但是应当视为事实上受益方和非受益方还未就争议解决方法达成协议。那么在这种情形下，就不涉及既将纠纷提交仲裁又将纠纷提交法院的问题。①

在受益方行使选择权之后，因为非受益方原则上并不能对此有异议而只能接受受益方启动的争议解决程序。那么此时，争议解决方式随即确定下来，也不会出现又将争议提交另一纠纷受理平台的情况。表面上看非对称仲裁条款本身并没有指定以何种程序作为争议解决方式，但事实上只要受益方做出选择，那么该仲裁条款就如同其他常规的管辖协议 / 仲裁条款一样是确定且唯一的。

如果受益方放弃行使选择权，那么非对称仲裁条款事实上就失去了其特殊性。既然双方当事人都没有选择权，那么该条款与一般的仲裁条款无异。在

① 参见沈德咏、万鄂湘主编：《最高人民法院仲裁法司法解释的理解与适用》，人民法院出版社2015年版，第75页。

这种情况下，仲裁协议效力也是无可争议的。

综上所述，非对称仲裁条款在纠纷解决方式的选定上具有确定性，本身并不会导致既选择仲裁又选择诉讼的情况发生。因而，其实质上并没有违反“或裁或审”制度。但是，因为目前非对称仲裁条款的效力在世界范围内并没有形成一致意见，我国也并没有就此条款的效力作出明确规定且实践中法院的意见也并不相同，在此种效力不明确的情况下，可能会出现双方当事人就协议效力产生分歧而引发平行仲裁诉讼程序。

四、对非对称仲裁条款的中国思考

（一）过渡性考量与对策

尽管笔者在上文论述了《仲裁法》第 7 条并不适用于非对称仲裁条款，且非对称仲裁条款并未实质违反“或裁或审”制度，但是鉴于我国对于仲裁意思表示采取较为严格的态度，以及当前并未对非对称仲裁条款的效力出台相关司法解释，因此目前要求各级法院统一做法，一致认可非对称仲裁条款之效力也不具有现实可行性。然而即使认为非对称仲裁协议在仲裁意思表示上存有瑕疵，也不应当认定条款整体为无效。对瑕疵仲裁协议采取的是无效推定还是积极补救，反映出了一国对仲裁制度的支持力度。[①] 作为过渡性考量与对策，国际实践中补救措施包括赋予双方同样的选择权以及对非对称仲裁条款进行分割处理。其中，对非对称仲裁条款进行分割处理值得我国法院借鉴采纳。

俄罗斯 Russian Telephone Company v. Sony Ericsson 案中，法院最终的解决思路是赋予非受益方同等的选择权，即双方都可以从仲裁或者诉讼两种争议解决方式中进行选择，由此将非对称仲裁条款变成双边选择仲裁条款，[②] 使双方当事人的利益恢复平衡。有学者对此评价道，法院的做法事实上已经实质改变了该仲裁条款的适用范围和结构，当事人的意志被否定了，该条款的

---

① 参见杨玲：《论“或裁或审”条款中仲裁条款的效力——以海峡两岸司法实践为视角》，载《西北大学学报（哲学社会科学版）》2014 年第 4 期，第 138 页。

② *Russian Telephone Company v. Sony Ericsson Mobile Communications*, No. 1831/12, Presidium of the Supreme Arbitrazh (Commercial) Court of the Russian Federation, 19 June 2012.

根本目的——赋予一方选择的特权最终无法实现。[①] 而在我国，因为“或裁或审”协议的效力已经明确被否定，因而无论如何这种处理方式在我国都不具有可行性。

另一种过渡性对策是对非对称仲裁条款进行分割，即只让非对称的部分无效。人们争议的是受益方所拥有的额外的权利，但是对于双方都能选择的争议解决方式是没有异议的，因为双方对此显然达成了合意。那么让“不公平”的瑕疵部分无效，可以使得双方恢复平等、利益平衡的关系。普通法国家的司法实践中将此种做法称为“蓝色铅笔规则”，即法官可依自由裁量权删除不合理的部分，使有效部分得到执行。如前所述，在海南某小额贷款有限公司与海南某房地产开发有限公司、周某管辖案中，海南省高级人民法院采取的也是这种做法，尽管并不承认仲裁条款是有效的，但是认可了当事人关于管辖法院的约定。鉴于我国目前还是对仲裁合意从严审查，那么认定部分有效部分无效不失为一个较好的处理方式。

（二）未来发展方向与设想

尽管“部分有效部分无效”的处理方式确实较为可取，但是此种“中庸”做法并非最为理想。仅仅因为在约定中未明确排除法院管辖的可能性，就直接认定不存在有效的仲裁合意未免过于严苛，也不符合支持仲裁的发展趋势，更不利于我国实现打造“全球友好仲裁地”的目标。此外，基于上述分析，《仲裁法司法解释》第7条并不适用于非对称仲裁条款，而且非对称仲裁条款最终将指向唯一特定的争议解决方式，并未实质违反“或裁或审”制度。既然非对称仲裁条款并没有违反禁止性规定，那么不宜直接认定条款整体无效；在不存在其他效力瑕疵的情况下，应当认可其有效性。

未来，从制度构建的角度出发，应当注重平衡双方当事人之间的权利义务关系，应当对受益方的选择权施加必要限制。具体而言，应当明确受益方被视为放弃选择权的情形。如果在非受益方提起仲裁或者诉讼之后，受益方一直消极应对，在实体答辩之前都未表示希望行使选择权或者未表示要求以另外一种争端解决方式解决争议，那么受益方应当被视为放弃选择权，至此之后受益方不得再就同一纠纷主张选择权。此种安排亦将有利于减少平行程

---

① See Deyan Draguiev, *Unilateral Jurisdiction Clauses: the Case for Invalidity, Severability or Enforceability*, Journal of International Arbitration, Vol. 31, No. 1, 31 (2014).

序的发生。

另外，当仲裁庭/法院在认定非对称仲裁条款的效力时，应当对非受益方的意思表示是否真实予以特别关注，注重审查非受益方是否了解非对称仲裁条款的存在及其内涵，以及是否确实同意此种特殊的权利安排。尤其应当警惕非对称仲裁条款被大型公司利用为强制消费者仲裁的工具。尽管经笔者检索，目前尚未发现与消费者相关的非对称仲裁条款的中国案例。但是根据美国已有判决，法官对于消费者争议中的非对称仲裁条款的效力审查都采取较为谨慎的态度，[①] 认为若是采取格式合同方式和消费者约定非对称仲裁条款则具有压迫性，一般较难认为消费者是自愿同意的。事实上，我国针对经营者使用格式条款与消费者订立管辖协议时亦有特殊要求，《最高人民法院关于适用〈中华人民共和国民事诉讼法〉的解释》第 31 条[②] 强调，如果未采取合理方式提请消费者注意格式合同中的管辖协议，消费者主张管辖协议无效的，人民法院应予支持。鉴于管辖协议和非对称仲裁条款同为争议解决条款，关于管辖协议的相关规定亦值得借鉴。因而，针对未来可能出现在消费者合同中的格式化非对称仲裁条款，我国亦应当要求经营者采取合理方式进行提醒，否则消费者的知情权难以得到保障，更难以保证消费者确实同意此种特殊的争端解决条款。

结　语

如今，支持仲裁不仅是国际主流发展趋势，也符合当事人的利益。面对商事实践中出现的非对称仲裁条款，我国不能因其与“或裁或审”协议形似，就直接否定其效力。事实上，非对称仲裁条款本质上不同于“或裁或审”协议，因此不宜直接依据《仲裁法司法解释》第 7 条认定其为无效。无论是在受益方行使选择权之前、行使选择权之后还是丧失选择权，都不会存在“又裁又审”的问题。因此，非对称仲裁条款的效力不应当被直接否定。结合我国当前的

---

① *Iwen v. U.S. West Direct*, 1999 MT 63, Supreme Court of Montana, 1 April 1999; *Firedoor Corp. of America, Inc. v. R. K. & A. Jones, Inc.*, 47 A.D.2d 878, Supreme Court of New York, 15 April 1975.

② 《最高人民法院关于适用〈中华人民共和国民事诉讼法〉的解释》第 31 条，“经营者使用格式条款与消费者订立管辖协议，未采取合理方式提请消费者注意，消费者主张管辖协议无效的，人民法院应予支持”。

实际情况，笔者提出了两种建议。第一，建议法院可将非对称仲裁条款进行分割处理。考虑到当前毕竟没有相关的明确司法解释，且我国对于仲裁的意思表示一直从严把握，那么作为过渡性对策，建议针对该条款中关于仲裁的约定和诉讼的约定进行区分考虑，即使认为仲裁部分的约定为无效，也应当肯定诉讼管辖的约定。第二，从长远来看，从制度设计的角度而言，应当明确受益方丧失选择权的情形，并要求经营者若在格式合同中订立非对称仲裁条款，应当以合理方式提醒消费者；此外，法院在进行司法审查时应当对非受益方的意思表示是否真实予以特别关注。

国际商事仲裁中弃权规则适用情形的类型化分析

——兼评《仲裁法（修订）（征求意见稿）》第33条

张 建*

● **摘要**

弃权规则在国际商事仲裁理论与实践当中具有独特的意义，其不仅符合诚实信用原则这一程序法的基本准则，而且契合于商事仲裁中的当事人意思自治原则。在仲裁协议的执行阶段、仲裁程序进行期间、仲裁裁决作出之后，都可能出现程序不当的情形，可能影响到仲裁管辖权的确立、正当程序的事项以及裁决的司法确认。对于程序瑕疵，当事人应当及时地提出异议，如果有证据显示当事人在明知或者应当知道存在有悖于仲裁协议、仲裁规则或仲裁法的情况下，没有及时提出异议，将因此而丧失相应的异议权和救济权。在我国《仲裁法（修订）（征求意见稿）》中，增加了弃权规则，其必要性值得肯定。但是，为了使当事人及仲裁员更好地理解并运用弃权规则，有必要区分不同的可能情况对其所产生的法律后果予以明确化，从而更好地督促当事人及时行使权利，从整体上提升仲裁的效率。

---

* 张建，法学博士，首都经济贸易大学法学院副教授，硕士生导师，研究方向为国际私法。本文为党的十九届四中全会精神国家社科基金重大项目“我国法域外适用法治体系构建研究”（20ZDA031）的阶段性成果；首都经济贸易大学北京市属高校基本科研业务费专项资金资助项目阶段性成果。

● **关键词**

弃权规则　仲裁协议　仲裁程序　仲裁裁决

Abstract: The waiver rule has unique significance in the theory and practice of international commercial arbitration. It not only accords with the principle of good faith, which is the basic principle of procedural law, but also accords with the principle of the parties' autonomy of will in commercial arbitration. During the implementation stage of the arbitration agreement, during the arbitration proceedings, and after the award, there may be cases of improper proceedings, which may affect the establishment of arbitration jurisdiction, the matters of due process and the judicial confirmation of the award. If there is evidence that the party knows or should know that there is a violation of the arbitration agreement, arbitration rules or arbitration law, and fails to raise the objection in time, the party will therefore lose the corresponding right of objection and the right of remedy. In China's arbitration Law (revised)(draft), the waiver rule is added, and its necessity is worth affirming. However, in order to make the parties and arbitrators better understand and apply the waiver rules, it is necessary to distinguish different possible situations and clarify the legal consequences, so as to better urge the parties to exercise their rights in time and improve the efficiency of arbitration on the whole.

Key Words: waiver rule, arbitration agreement, arbitral procedure, arbitral award

作为国际争端解决的主要方式之一，仲裁对经济贸易的促进与发展起到了重要的积极作用。现行仲裁法颁布于1994年，并分别于2009年、2017年进行了部分条款的修正。2021年7月30日，中华人民共和国司法部公布了《中华人民共和国仲裁法（修订）（征求意见稿）》（以下简称“征求意见稿”），这意味着我国仲裁法将迎来第三次也是迄今为止最为重大的修订。“征求意见稿”中的条文共计99条，相较于现行《仲裁法》而言，在条文数量上增加了19条，“征求意见稿”文本的总字数较现行《仲裁法》增加了4449字，增幅达到74%。这在一个侧面折射出，“征求意见稿”增加的条款数目虽然不多，但内容相对丰富。尤其值得一提的是，“征求意见稿”第33条是新增条款之一，这一条款规定：“一方当事人知道或者应当知道仲裁程序或者仲裁协议中规定的内容未被遵守，仍参加或者继续进行仲裁程序且未及时提出书面异议的，视为其放弃提出异议的权利。”事实上，该条款在国际商事仲裁立法及实践中并非首创，其被理论界普遍称为“弃权规则”或“异议权放弃条款”。[①]在我国部分仲裁机构的仲裁规则中，早已有先见之明地规定了类似的条文，例如2019年9月1日起施行的《北京仲裁委员会/北京国际仲裁中心仲裁规则》第3条即有类似的规定。[②]但是，将这一条款引入我国的仲裁立法之中，尚属首次。故而，为了使中国仲裁界更好地理解这一条款在国际商事仲裁中是如何被运用的，其确立的理据是否充分，其适用的场合包括哪些，有必要对域外的相关法律与实践进行梳理与整合。就类型化分析而言，根据行为效果及弃权对象的不同，国际商事仲裁中的弃权规则主要涵盖三类，分别是当事人放弃向法院主张仲裁协议的权利规则、当事人放弃仲裁程序异议权的规则、当事人放弃仲裁裁决异议权的规则，鉴于其在仲裁程序的不同阶段发挥着不同的效果，本文将分别予以阐述，从而展现弃权规则在国际商事仲裁中予以适用的整体状况。

一、当事人放弃向法院主张仲裁协议的权利规则

就多元化纠纷解决机制的运用视角而言，鉴于仲裁与诉讼是互斥的解纷方法，有效的仲裁协议具有排除法院司法管辖权的效果，故而在订有仲裁协议的前提下，各方当事人便获得了将有关争议事项提交仲裁解决的权利，与此同时，也承担了不得就有关纠纷诉诸诉讼的义务。由此可见，当事人在仲裁协议下通过仲裁方式解决纠纷既是权利，也是义务。其背后的原理在于，当事人达成的仲裁合意产生了妨诉抗辩效力，在争议发生后，各方应本着契约精神，严格秉持仲裁协议的约定，采取仲裁方式解决纠纷，而不应当背离仲

---

① Peter Gillies and Andrew Dahdal, Waiver of A Right to Arbitrate by Resort to Litigation: In The Context of International Commercial Arbitration, in *Journal of International Commercial Law and Technology*, Vol.2, Issue 4, 2007, p.221.

② 该条规定：“当事人知道或者理应知道本规则或仲裁协议中规定的任何条款或条件未被遵守，但仍参加或者继续参加仲裁程序且未对上述不遵守情况及时向本会或仲裁庭提出书面异议的，视为其放弃提出异议的权利。”

裁协议，就涉案争议向法院提起诉讼。不过，弃权规则的存在为当事人逃避仲裁管辖、寻求司法解决提供了例外机制。从理论上讲，对仲裁权利的放弃包括明示弃权和默示弃权两种形式，前者是指双方协商一致解除、变更或撤销其已经达成的仲裁协议，从而使仲裁协议的妨诉抗辩效力在尚未发生效果时便宣告终止，后者是指当事人虽然没有明示放弃自己的仲裁权利，但是其所采取的行为按照相关法律或仲裁规则具备弃权效果，从而事实上导致了其被认定为放弃仲裁权利，这也恰恰是实践当中容易产生分歧的重点。①就实践来看，国际商事仲裁权的放弃主要包括三类情形：

第一，申请人未在法定的仲裁时效期限之内提起索赔，相关仲裁请求因逾期而导致仲裁庭丧失对涉案争议的属时管辖权。所谓时效，指一定的事实状态在法定期间持续存在，从而产生与该事实状态相适应的法律效力的法律制度。在这一概念体系下，仲裁时效特指达成仲裁协议的争议双方当事人于一定期间不行使请求仲裁庭对其争议予以仲裁的权利，则丧失通过仲裁方式对其合法权利予以保护并对其争议予以解决的法律制度。②例如，《中华人民共和国仲裁法》(以下简称我国《仲裁法》)第74条规定："法律对仲裁时效有规定的，适用该规定。法律对仲裁时效没有规定的，适用诉讼时效的规定。"对于仲裁时效与诉讼时效之间的关系及其衔接机制，有学者作出了深入探讨。③再如，《英国仲裁法》第13条第1款规定："时效法同时适用于仲裁和诉讼程序。"由此可见，当事人如果在争议发生后不及时向仲裁机构或临时仲裁庭提出请求并行使仲裁权利，将会因此而丧失就仲裁协议下的争议的胜诉权。

第二，当事人以自己对待仲裁的行为放弃了仲裁的权利。当事人意思自治是国际商事仲裁的基石，仲裁程序的顺利推进在很大程度上依赖于双方当事人的相互配合与通力协作。无论是仲裁程序准据法及仲裁规则的确定，还是仲裁庭的组建、证据开示、审理方式的确定，都需要双方当事人及时发表意见并积极行动。④根据相关法律及仲裁规则的规定，当事人拒绝配合、消极

① Catherine A. Kunz, Waiver of Right to Challenge an International Arbitral Award is Not Incompatible With ECHR: Tabbane v. Switzerland, in *European International Arbitration Review*, Vol.5, Issue 1, 2016, p.125.

② 赵百丽:《论国际商事仲裁的提起仲裁时效问题》，载《北京仲裁》2005年第1期，第22页。

③ 杨巍:《仲裁时效与诉讼时效衔接研究》，社会科学文献出版社2019年版，第1页。

④ 杨玲:《国际商事仲裁程序研究》，法律出版社2011年版，第78页。

懈怠或蓄意破坏仲裁程序，将由此丧失相应的仲裁权利。尤其是，如果被申请人经适当通知但拒绝出庭，将由此丧失通过口头方式向仲裁庭当面陈述和申辩的机会，申请人经适当通知而拒绝出庭，则很可能产生视同撤回仲裁请求的效果，甚至导致整个仲裁程序的终止。各国仲裁立法及仲裁机构的仲裁规则大多就仲裁程序中的弃权规则作出了较为详细的规范和界定。例如，《瑞典仲裁法》第5条规定："当事人应被视为放弃援引仲裁协议以排除法院程序的权利，如果该当事人：（1）曾经反对申请仲裁；（2）未在适当的期限内委任仲裁员；（3）未在适当的期限内提供其应分担的对仲裁员报酬的担保。"除此之外，有些国家虽然没有在立法层面作出明确规定，但是在其国内法院的仲裁司法审查判例中也确立了相应的仲裁程序弃权规则。

第三，当事人以自己在法院的行为放弃了仲裁的权利。① 尽管仲裁协议具有排除法院司法管辖的效果，但是对法院而言，如果其在受理当事人的诉讼请求之际未获知存在仲裁协议，而对方当事人又未及时地提出管辖权异议或提供仲裁协议，则难以苛求法院主动调查并寻求当事人之间是否另订有仲裁协议。故而，各国仲裁法普遍规定，在双方订有仲裁协议的情况下，如果一方当事人向法院提起诉讼，而另一方又未以双方存在仲裁协议为由对法院的管辖权提出抗辩，相反却在诉讼程序中进行了实体答辩，或者在诉讼程序中向法院申请要求对方提供费用担保，则视为该另一方当事人以其在法院的应诉行为放弃了仲裁的权利，而认同了法院的司法管辖。② 事实上，《纽约公约》并未直接规定弃权规则，但该公约第2条第3款以间接方式确立了弃权规则。③ 根据该条款，当事人就诉讼所涉争议事项订有仲裁协议时，缔约国法院受理诉讼时应当依据一方当事人的请求，命令当事人将争议提交仲裁解决，但仲裁协议经法院认定为无效、失效或者无法执行的除外。言外之意，该条款暗含了如果当事人没有援引仲裁协议并对法院提出管辖权异议，应视为当事人放弃了以仲裁方法解决争议的权利。换言之，即使法院面对《纽约公约》下

---

① Nilsson Johnson, Waiving The Tight to Arbitrate by Initiating Court Proceedings, available at: https://sccinstitute.com/media/37111/article_waiving-the-right-to-arbitrate-by-initiating-court-proceedings_nilsson_johnsson.pdf, last visited on August 5, 2021.

② 钟澄：《论当事人因在法院实体答辩而丧失仲裁权利》，载《仲裁研究》2012年第2期，第1页。

③ Sohlman Perry Homes, When is the Right to Arbitration Waived, available at: https://www.cooperscully.com/uploads/seminars/Sohlman-PerryHomes.pdf, last visited on August 6, 2021.

的仲裁协议所涵盖的争议事项，但双方对于由法院行使司法管辖权均深信不疑，且无一提出管辖权异议，则法院没有义务要求当事人去仲裁。①

表1 关于当事人向法院援引仲裁协议时限的规定

立法名称及条款	与仲裁协议弃权有关的规定
1985年制定、2006年修正《联合国国际贸易法委员会国际商事仲裁示范法》（以下简称《示范法》）第8条第1款	就仲裁协议的标的向法院起诉时，一方当事人在不迟于就争议实体提出第一次申述时要求仲裁的，法院应让当事人诉诸仲裁，除非法院认定仲裁协议无效、不能实行或无法履行。
2005年《马来西亚仲裁法》第10条	就仲裁协议的标的向法院起诉时，一方当事人在采取任何程序步骤前要求仲裁的，法院应让当事人诉诸仲裁，除非法院认定仲裁协议无效。
1986年《荷兰民事诉讼法典》第1022条第1款	法院受理的争议系涉及当事人已订立仲裁协议的事项，如果一方当事人在提出答辩前援引仲裁协议，则法院应宣布无管辖权，除非该协议无效。
1986年《葡萄牙仲裁法》第21条第3款	仲裁庭无管辖权的抗辩只能在就争议实质提出答辩之前提出，或者与答辩一起提出。
1996年《英国仲裁法》第9条第1款	如诉讼系针对仲裁协议的一方当事人提出（无论本诉抑或反诉），所涉及的事项依据仲裁协议应提交仲裁，该方当事人可向法院提出申请，要求法院中止就有关事项展开的诉讼程序。
2019年《印度仲裁与调解法》第8条第1款	就仲裁协议的标的向司法机关起诉时，一方当事人在不迟于其就争议实体提出第一次申辩时要求仲裁的，司法机关应让当事人诉诸仲裁。
2019年《瑞典仲裁法》第4条第2款	当事人必须在向法院第一次陈述案件的实体问题时援引仲裁协议。在事后援引仲裁协议的，除非该当事人有合法的理由且在该理由消失后立即提出，应为无效。
2021年《香港仲裁条例》第20条第1款	就仲裁协议的标的向法院提起诉讼时，一方当事人在不迟于其就争议实体提出第一次申述时要求仲裁的，法院应让当事人诉诸仲裁，除非法院认定仲裁协议无效、不能实行或不能履行。

① 钟澄：《国际商事仲裁中的弃权规则研究》，法律出版社2012年版，第26页。

通过比较以上立法，不难发现，各国和地区法律基本上都对当事人向法院援引仲裁协议的时间点作出了规定。作为共性，这些立法的相关条款均禁止当事人在法院对涉案争议采取实质审理措施和程序步骤之后再援引仲裁协议来抗辩法院的管辖权。换言之，如果当事人在法院采取实质审理之前不及时提供仲裁协议并主张仲裁管辖权，则将视为放弃此种权利。类似地，我国《仲裁法》第26条规定："当事人达成仲裁协议，一方向人民法院起诉未声明有仲裁协议，人民法院受理后，另一方在首次开庭前提交仲裁协议的，人民法院应当驳回起诉，但仲裁协议无效的除外；另一方在首次开庭前未对人民法院受理该案提出异议的，视为放弃仲裁协议，人民法院应当继续审理。"由此可见，我国仲裁立法也对当事人向法院主张仲裁协议设定了时间节点，如果未能及时主张并行使此种权利，同样存在被视为弃权的风险。

二、当事人放弃仲裁程序异议权的规则

（一）程序异议权弃权规则的适用范围

对于任何一项国际商事仲裁程序，自启动之际直至仲裁程序宣告结束乃至作出裁决之后，当事人都可以对其中存在的程序瑕疵提出异议。[①] 然而，相较于一方背弃仲裁协议向法院提起诉讼时对方放弃仲裁协议抗辩而言，仲裁程序进行过程中的弃权现象则更为普遍和常见。简言之，仲裁程序中的异议权放弃，指的是在国际商事仲裁进行过程中，一方当事人知道或理应知道仲裁规则或仲裁协议中规定的任何条款或情事未被遵守，但仍参加仲裁程序或继续进行仲裁程序而且不对此种不遵守情况及时提出书面异议的，则视为放弃异议权。[②] 由此可见，异议权的放弃适用的前提是存在异议权，而仲裁程序的异议权，特指当事人对仲裁程序中所存在的瑕疵或不当情形提出反对和质疑，从而维护仲裁程序公正性以及己方利益的权利。为此，笔者总结了仲裁程序中所可能存在的各类情形，其包括但不限于管辖、组庭、送达、证据处理、审理等各种情况（参见图1）。

---

① New York City Bar Association, Advance Waivers of Arbitrator Conflicts of Interest In International Commercial Arbitrations Seated In New York, available at: https://nyiac.org/wp-content/uploads/2013/01/NYC_Bar_AdvanceWaiversReport.pdf, last visited on August 4, 2021.

② 林一飞：《商事仲裁实务精要》，北京大学出版社2016年版，第182页。

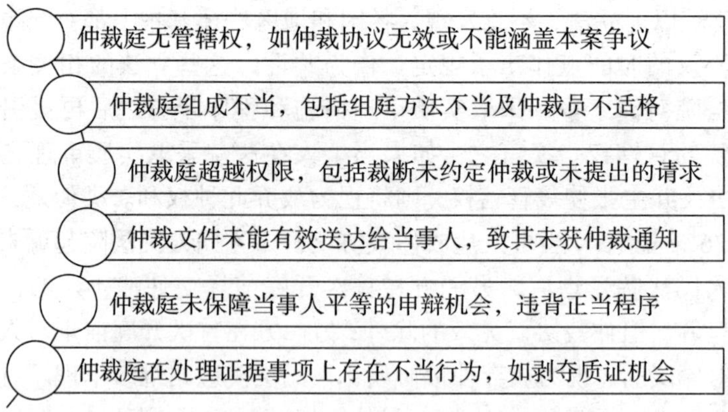

图1　仲裁程序中可能存在的各类不当情形

那么，在国际商事仲裁程序中，究竟哪些权利构成弃权规则的适用范围？是否所有的程序异议权均可纳入弃权规则的适用对象？对此，学理上存在分歧：一种观点认为，基于诚实信用原则、禁反言原则、仲裁的高效性等考虑，弃权规则理应适用于各类程序异议权，只要当事人未在仲裁程序当中及时行使异议权，则不得在此后的程序中以此为由提出相关主张及抗辩。[①]由此，可以有力地督促当事人及时行使程序权利，以达到效率与公正的目标。[②]另一种观点则认为，并非仲裁程序中所有的权利均可以被当事人所放弃，弃权规则的适用范围应仅限于可以被当事人放弃的权利。言外之意，仍然存在某些权利是当事人所不能放弃的。从立法来看，部分立法对弃权规则适用的权利范围作出了限定，但是却并未明文述及或列举哪些权利属于不可弃权的范畴。

---

① 参见钟澄：《禁止反言原则在国际商事仲裁中的适用》，载《仲裁研究》2013年第4期；蒋滨：《仲裁程序呼唤诚信》，载《北京仲裁》2004年第3期；王徽：《论“诚实信用原则”对仲裁协议效力的扩张》，载《仲裁研究》2015年第2期。

② 王立、刘云鹏：《国际商事仲裁“异议权放弃条款”研究》，载《北京仲裁》2015年第1期，第100页。

表 2 关于当事人放弃程序异议权的规定

立法名称及条款	与仲裁程序弃权有关的规定
《示范法》第 4 条	当事一方如知道本法中当事各方可以背离的任何规定或仲裁协议规定的任何要求未得到遵守，但仍继续进行仲裁而没有不过分迟延地或在为此订有时限的情况下没有在此时限内对此种不遵守情事提出异议，则应视为已放弃其提出异议权利。
1996 年《英国仲裁法》第 73 条第 1 款	如仲裁程序一方当事人继续参加仲裁程序，而没有立即或在规定时限内对仲裁程序不适当进行或不符合仲裁协议约定等情形提出异议，则其后不得向仲裁庭或法院提出此类异议。
1998 年《德国民事诉讼法》第 1027 条	本编任何可被当事人放弃的规定或仲裁程序的任何被约定的条件没有被遵守而继续进行仲裁，当事人一方对此不及时或不在规定期限内提出异议，则不得在其后对此提出异议。此前未知悉前述不符点的除外。
2003 年《日本仲裁法》第 27 条	除非当事人另有约定，有关仲裁程序，若一方当事人知悉本法任何规定或当事人约定的仲裁程序规则未被遵守，却未对此及时提出异议（如果规定了提出异议的期限，则在此期限内），则该方当事人应被视为放弃其异议权。
2019 年《瑞典仲裁法》第 34 条第 7 款	如果非因当事人的过错而在仲裁程序中出现了可能影响案件结果的不规范情况，对方当事人参加仲裁程序且未对不规范情况提出异议或采取其他措施，则应被视为放弃对不规范情况提出异议。

（二）程序异议权弃权规则的适用条件

相比之下，如果说当事人在法院诉讼程序中放弃对仲裁协议的援引主要是对仲裁与司法的关系产生影响，那么当事人在仲裁程序中对异议权的放弃则主要是围绕着仲裁自身管辖权的合法性、仲裁员的独立性与公正性、仲裁程序的正当性而开展，而这些程序性问题不仅规定在国际公约和国内仲裁立法中，也体现在仲裁规则中。① 在进入仲裁程序后，当事人的行为以及仲裁庭的活动首先要受到仲裁规则的规制。② 仲裁规则的主要作用是规范当事人、仲

① Evangelos Vassilakakis, The Challenge of the Arbitrator and Its Impact on the Functioning of the Arbitral Tribunal, in Czech (and Central European) Yearbook for Arbitration, Vol.4, 2014, p.249.

② Leila Soltani, A Study on Challenge and Dismissal of Arbitrator Under Iranian Law and International Conventions, in *Mediterranean Journal of Social Sciences*, Vol.7, No.5, 2016, p.193.

裁员、仲裁机构及其工作人员在仲裁程序中的权利与义务、行为与方向，从而为仲裁程序的顺利进行提供一套行之有效的行为准则。就内容而言，仲裁规则主要涵盖如何提出仲裁申请、答辩及反请求，仲裁员如何指定，仲裁庭如何审理，裁决如何作出，仲裁费用如何收取等细节问题。一般而言，一国仲裁机构的仲裁规则在制定时通常要注重与该国仲裁法的规定相互协调。① 例如，《联合国国际贸易法委员会仲裁规则》第30条规定："如本规则规定的任何条款或任何条件未被遵行，而当事人一方明知其不符合规定的情况但仍参加仲裁并未对此表示反对意见时，应认为已放弃其反对的权利。"不过，有些仲裁规则并未对仲裁程序异议权放弃作出规定，此时，如果仲裁地的法律作出了规定，当事人仍然应予遵守。

表3　仲裁规则中关于当事人放弃程序异议权的规定

仲裁规则及条款	与仲裁程序弃权有关的规定
2015年《中国国际经济贸易仲裁委员会仲裁规则》第10条	一方当事人知道或理应知道本规则或仲裁协议中规定的任何条款或情事未被遵守，仍参加仲裁程序或继续进行仲裁程序而且不对此不遵守情况及时地、明示地提出书面异议的，视为放弃其提出异议的权利。
2016年《新加坡国际仲裁中心仲裁规则》第41条第1款	对于未遵守本规则、任何适用于仲裁程序的其他规则、任何仲裁庭的命令或者仲裁协议对仲裁庭组成和与仲裁程序的任何要求的情形，如当事人未及时提出异议，仍继续进行仲裁程序的，应当视为当事人已放弃提出异议的权利。
2017年《瑞典斯德哥尔摩商会仲裁院仲裁规则》第36条	在仲裁程序进行过程中，对于未遵守仲裁协议、本规则、任何适用于仲裁程序的其他规则的情形，如当事人未及时提出异议，仍继续进行仲裁程序的，应当视为当事人已放弃提出异议的权利。
2018年《香港国际仲裁中心机构仲裁规则》第32条第1款	当事人知道或理应知道未按本规则（包括仲裁协议）的规定或由其引发的要求行事，但仍继续参与仲裁而未立即提出异议的，应视为已放弃提出异议的权利。
2019年《北京仲裁委员会仲裁规则》第3条	当事人知道或者理应知道本规则或仲裁协议中规定的任何条款或条件未被遵守，但仍参加或者继续参加仲裁程序且未对上述不遵守情况及时向本会或仲裁庭提出书面异议的，视为其放弃提出异议的权利。

① 程德钧、王生长、康明:《国际惯例与涉外仲裁》，中国青年出版社1993年版，第198页。

续表

仲裁规则及条款	与仲裁程序弃权有关的规定
2020年《伦敦国际仲裁院仲裁规则》第32条第1款	如果一方当事人明知仲裁协议的任何规定未得到遵守，却未立即就该未遵守事宜向办案秘书（仲裁庭组庭前）或仲裁庭（仲裁庭组庭后）提出异议而继续进行仲裁的，应被视为已不可撤销地放弃了其为所有目的提出异议的权利。
2021年《国际商会仲裁规则》第40条	当事人对本规则或适用于程序的其他规则，仲裁庭的任何指令，或者仲裁协议中有关仲裁庭组成或进行程序的任何要求违背遵循的情事没有表示异议，而继续进行仲裁程序的，视为已经放弃异议权。

结合相关仲裁规则及立法，学理上总结并概括了构成仲裁程序异议权放弃的基本条件，具体包括：第一，所涉及的行为人可以对此类权利放弃提出异议，换言之，弃权规则适用的对象必须是可予以放弃的权利；第二，仲裁程序中存在的不当行为已经为当事人所知悉，当事人在事实上曾经有机会提出异议；第三，当事人在知悉此类不循规行为后，仍然继续参加仲裁程序；第四，当事人虽有提出异议的机会，但由于自己的原因，未提出异议，或者未在法律或仲裁规则规定的合理期限内及时地提出异议。

（三）程序异议权弃权规则适用的判定标准

实践中，当事人在仲裁程序过程中采取的行动不乏机会主义色彩，这也往往构成其提出异议的牵绊。具体而言，实践中经常存在此类情况：一方当事人业已感知到仲裁程序存在瑕疵，或者仲裁员在处理有关争议的过程中存在背离正当程序的情况，但是其并不立即提出异议，而是待仲裁裁决的结果作出后再决定如何行动，一旦仲裁裁决对己有利，则不再就有关程序瑕疵提出异议，一旦仲裁裁决于己不利，则在裁决作出后以申请撤销或抗辩执行等方式提出异议。[①] 殊不知，如果在仲裁过程中不对有关程序瑕疵现象及时提出异议，而是等待在仲裁裁决作出后才提出异议，很可能构成仲裁程序异议权的放弃，从而面临异议无法得到支持的风险。换言之，事后救济的成本和风险远高于事中救济，原因在于各国的商事仲裁立法与实践普遍认同司法应尽量弱化对仲裁的干预，除非情况明显必要，原则上法院不会直接介入仲裁程序，

① Jennifer Lawler, *Implied Waiver of Right to Challenge an Arbitral Award: An Analysis of the Swedish Approach in Comparison with the UNCITRAL Model Law*, Stockholms Universitet, 2015, p.12.

即使在裁决作出后的司法审查阶段，也尽可能减少对仲裁的否定。

三、仲裁裁决司法审查阶段当事人放弃异议权规则的理解与适用

（一）仲裁裁决异议权放弃规则的功能

鉴于仲裁当事人的权利贯穿于以仲裁方法解决国际商事争议的始终，其不仅包括仲裁程序启动前依据仲裁协议获取的仲裁权、仲裁程序进行过程中的具体权利，还包括仲裁裁决作出后对存在问题的裁决的救济权。相应地，国际商事仲裁中的当事人弃权规则也涵盖了事前、事中、事后三个阶段。特别是，如果当事人没有在规定时限内及时对仲裁协议或仲裁程序的瑕疵在先前程序中提出异议，此种异议权放弃的后果将及于仲裁裁决作出后的法院程序。① 譬如，当事人明知某仲裁员存在违反独立性及公正性的情况，应毫不迟延地在仲裁程序进行中及时申请回避并提出异议，如果当事人未能提出，被视为构成弃权的后果不仅表现在其不能在此后的仲裁程序对该名仲裁员提出反对意见，也不能以此为由向法院申请撤销或抗辩执行。相反，如果当事人在仲裁程序过程中即对仲裁员人选提出了反对意见并提供了相应的理由，即便回避请求未获得支持，该仲裁员继续参与仲裁程序，但当事人的异议权仍然得以保留并存续，其仍可在后续的仲裁司法监督中就仲裁员的不适格问题提出异议。由此可见，弃权规则对那些怠于行使权利的当事人而言具有惩戒色彩，且此种惩戒引发的程序后果可能形成致命打击，从而使弃权方在后续的程序中丧失以此为由就仲裁裁决申请撤销或抗辩执行的权利。特别应当注意的是，仲裁裁决撤销程序与不予执行程序能否互相形成弃权效果，取决于对二者功能的认识。作为共性，撤销和不予执行都属于法院介入仲裁从而对存在错误的仲裁裁决进行纠错和救济的方式，但是从当事人的角度来看，二者各有侧重。具体来看，撤销程序是仲裁裁决的败诉方通过积极、主动的行为向法院行使救济权所得以启动的，而不予执行则是在仲裁裁决的执行过程中，胜诉方向法院寻求实现裁决所确立的权利时，败诉方作为一种抗辩请求法院对存在错误的裁决加以“阻击”。对于仲裁程序中的败诉方而言，其在面临已生效的错误裁决时，撤销程序犹如具有攻击效果的“矛”，不予执行则好比具有防

① 高薇：《论仲裁异议权的放弃——德国法视角下的分析及相关司法实践》，载《甘肃政法学院学报》2010年第5期，第150页。

御效果的"盾"，未主动提起撤销之诉，并不当然意味着在被动地应对执行程序时也无权提出抗辩。此外，仲裁裁决不予执行制度的适用主体明显比撤销制度更为开阔。近年来，为遏制虚假仲裁，我国已经通过司法解释的方式确立了案外人申请不予执行仲裁裁决制度，以此对仲裁当事人以外的案外主体提供一种救济渠道，但尚未允许案外人直接提起裁决撤销之诉。① 假如当事人没有主动申请撤销裁决，或者没有在撤销程序中对某种情况提出异议，是否直接影响了后续的执行程序，并构成执行程序中的异议权放弃，需要结合国际条约及各国的实践进行探讨。

（二）《纽约公约》视角下各国适用仲裁裁决弃权规则的实践分歧

依据《纽约公约》第 5 条第 1 款 e 项及第 6 条的规定，仲裁裁决撤销程序与执行程序虽然均为仲裁裁决作出后的救济机制，但二者彼此具有一定的互斥性。此种互斥性具体表现在，如果一方当事人向仲裁地法院申请撤销仲裁裁决，另一方当事人向其他国家或地区的法院申请执行仲裁裁决，通常情况下，执行程序应当暂时予以中止，待撤销程序作出决定后再决定是否继续予以执行，一旦仲裁裁决被仲裁地法院予以撤销，则被请求执行的法院可以拒绝执行该裁决。② 那么，这就产生了一个难以回避的实践难题，如果一方当事人没有在仲裁地法院提起裁决撤销之诉并在撤销程序中对仲裁协议、仲裁程序或裁决本身提出异议，那么是否意味着其应当被纳入弃权规则的适用范围，从而无法在执行中以此类情形提出执行抗辩？对此，各个国家和地区的仲裁司法审查存在泾渭分明的两类观点。

鉴于《纽约公约》中并没有明文规定当事人未在撤销程序中提出的异议即构成弃权，故多数国家和地区在实践中并没有将撤销程序中未提出的异议认定为构成对执行程序中提出此类异议的放弃，此即第一类观点。③ 例如，在

---

① 宋连斌、陈曦：《仲裁案外人权利救济制度的反思与再造——从案外人申请不予执行仲裁裁决制度切入》，载《安徽大学学报（哲学社会科学版）》2021 年第 2 期，第 89 页。

② 作为常态的例外，也存在某些国家的法院对那些已被仲裁地法院撤销的仲裁裁决仍然予以承认并执行。参见桑远棵：《超越属地主义：已撤销仲裁裁决的承认与执行》，载《武大国际法评论》2020 年第 4 期，第 75 页。

③ 钟澄：《论德国法中拒绝执行仲裁裁决的特殊要求——是否必须先以相同理由申请撤销？》，载《北京仲裁》2011 年第 3 期。

Palikto 诉 Klockner 案[①]中，双方当事人在合同中约定发生争议提交中国国际经济贸易仲裁委员会进行仲裁解决。后当事人在履行合同过程中发生分歧，申请人将争议提交仲裁，在仲裁期间，涉及一份专家证人提交的证言，仲裁庭没有给予被申请人陈述和评论的机会。后申请人胜诉后，向香港特别行政区法院申请执行该仲裁裁决，被申请人则以存在仲裁程序不当为由对裁决的可执行性提出抗辩。对此，申请人声称，对于仲裁程序的异议，被申请人应当在仲裁地法院以申请撤销仲裁裁决的方式提起，如未在仲裁地法院提出此种异议，则应视为弃权，不应在仲裁裁决执行程序中以此主张抗辩。对此，香港高等法院的法官指出，《纽约公约》中并未确立这种弃权规则，当事人对仲裁程序中发生的不当情况如有异议，既可以在仲裁地法院的裁决撤销程序中提出，也可以在仲裁裁决跨境执行程序中主张。换言之，未以程序违规为由及时申请撤销裁决，并不构成对仲裁裁决执行抗辩的异议权放弃。无独有偶，在河北进出口公司诉 Polytek 案[②]中，香港法院同样指出，仲裁地法院所行使的裁决撤销审查权与执行地法院所行使的执行审查权虽均为裁决的司法救济及纠错机制，但二者是相互独立的程序，不存在当事人未在其中一项程序提出异议便放弃在另一项程序中提出异议的规则，执行地法院没有必要去考虑仲裁地法院作出了何种认定。在 Smart 诉 Secant 案[③]中，加拿大魁北克省上诉法院指出，被申请人未在仲裁裁决撤销程序中提出的某种异议，可以在执行程序中予以提出，作为抗辩裁决执行的理由。

与此相反，在其他国家和地区，确有将撤销程序中未提出异议视为执行程序中亦不能提出此类异议的弃权规则存在，德国即为典型代表。具言之，1998 年《德国民事诉讼法》第 1060 条第 2 款规定，如存在仲裁裁决撤销理由，但反对裁决执行的当事人未在规定时限提出撤销申请或撤销申请被驳回的，则不得再以此类理由抗辩执行。

不过，该条弃权规则主要适用于在德国作出的国内裁决，对于外国仲裁裁决的承认与执行，德国法院的审查依据主要是《纽约公约》，由此便涉及仲裁地法院的司法审查权与德国法院作为执行地的司法审查权之间的碰撞与协调。

---

① Palikto Investment Ltd v. Klockner East Asia Ltd., [1993] 2 HKLR 39.

② Hebei Import & Export Corp. v. Polytek Engineering Ltd., [1999] 2 HKC 205.

③ Smart Systems Technologies Inc. v. Domotique Secant.

实践中，对于外国裁决的撤销程序与执行程序是否存在互为弃权的适用余地，不无争议。在巴伐利亚高等法院审理的一则案件中，俄罗斯公司与德国公司签订了煤砖购销合同，因其中订有仲裁条款，在发生争议后，俄罗斯公司将争议提交至俄罗斯联邦工商业协会仲裁院进行仲裁。后案件在莫斯科进行开庭，德国公司未参加庭审。仲裁裁决作出后，俄罗斯公司向德国法院申请执行，但德国公司以没有得到仲裁通知以致其未能参与陈述申辩为由主张程序不当，裁决应不予执行。俄罗斯公司则声称，德国公司未在仲裁地法院以程序不当为由申请撤销，故应视为弃权，亦不得在执行程序中提出此类异议。但德国法院最终未适用弃权规则，而是认定因被申请人未得到适当通知和陈述申辩机会，故裁决应拒绝执行。法官特别强调称：尽管在一些案例中法官不断援引1980年旧版《德国民事诉讼法》第1044条第2款，但必须说明的是，现在只能依据1998年新版《德国民事诉讼法》第1061条及《纽约公约》。类似地，在另一则由石勒苏益格高等法院审理的案件中，法院再次申明，不能因为当事人未在仲裁地法院提起裁决撤销之诉，便认定为其放弃并丧失在德国法院以仲裁协议无效抗辩执行的权利。[①]

与此相反的是，在另外一些案件中，德国法院在审查外国仲裁裁决承认与执行申请时，认定如果当事人未在仲裁地所在国的法院申请撤销或者未在撤销程序中提出相关异议，则构成异议权的放弃，其将丧失在执行程序中以此类异议为由主张抗辩的机会。例如，在德国柏林高等法院审理的案件中，当事人向法院申请承认并执行由白俄罗斯工商业协会国际仲裁院作出的仲裁裁决，被申请人抗辩称，参与审理本案的仲裁员之一与对方当事人的律师存在私人关系，故而存在偏私，欠缺独立性和公正性。但法院认为，对于仲裁员独立性及公正性的质疑，当事人应当先行用尽仲裁地的救济途径，只有用尽当地救济后无法得以解决时方应由执行地的法院予以裁断，鉴于被执行人没有在白俄罗斯的裁决撤销之诉中提出仲裁员异议，故其不得在事后的执行程序中再以此为由反对裁决执行。在卡尔斯鲁厄高等法院审理的案件中，当事人向法院申请承认并执行乌克兰工商会国际商事仲裁院作出的仲裁裁决，被申请人抗辩称，仲裁程序违反正当程序，故法院应拒绝执行涉案裁决。本案法官认为，被申请人无权援引那些没有在乌克兰法律规定的期限内提出的异

---

① 钟澄:《国际商事仲裁中的弃权规则研究》，法律出版社2012年版，第196页。

议，德国法院拒绝承认及执行乌克兰裁决的法定事由只有在当事人未超出仲裁地法律规定的期限内提出方可纳入考虑。事实上，尽管《纽约公约》第5条本身没有确立禁反言原则，但该公约第7条第2款规定了更优惠权利条款。[①]故而，德国法院有权基于德国国内法律的规定，以更有利于裁决执行的宗旨作为落脚点，就拒绝承认及执行外国裁决设定更严格的抗辩标准，以仲裁地立法关于时限的规定据以判定异议权放弃规则的适用，恰恰体现了此种理念。基于此，法院最终认定被申请人的执行抗辩理由因构成弃权而不成立，涉案裁决应予承认并执行。

（三）仲裁裁决异议权放弃规则背后的跨国程序协调

对于仲裁裁决作出后弃权规则的适用范围及其限度问题，归根结底体现的是在国际商事仲裁语境下仲裁裁决撤销程序与仲裁裁决执行程序二者的交叉与协调。如前文所述，当事人未在仲裁地法院提起裁决撤销之诉，或者在仲裁地的裁决撤销程序中未提出某项异议，是否意味着其放弃了异议权，从而在另一国的裁决执行程序中亦不能提出此类异议？就此而论，不仅各国的做法存在显著差异，即便在同一国家内部（如德国）不同法院之间对此也不无分歧。事实上，撤销与不予执行虽然均作为仲裁裁决司法审查的途径，但二者不仅功能各异、程序有别，在法律效果上也存在实质区别，前者从根本上否定了裁决的既判力，后者则仅仅阻断裁决在法院地的执行力。[②]但另一方面，无论是国际通行的《示范法》还是各国的仲裁立法，其对裁决撤销与不予执行二者确立的法定事由具有较强的相似性，恰恰是这一原因给弃权规则的适用提供了空间。换言之，如果两类程序适用不同的法定事由，似乎并不存在某一异议未在其中一项程序提出即构成对另一项程序的弃权，但实际情况是，无论是撤销还是不予执行，均主要是围绕着仲裁协议无效、仲裁程序违法、仲裁员缺失独立性及公正性、争议事项不具备可仲裁性、裁决违反公共政策展开。[③]

在弃权规则的适用方面，笔者的理解是，首先需要明确一点，并不是两类

---

① 黄亚英、李薇薇：《论1958年〈纽约公约〉中的“更优权利条款”》，载《法学杂志》2000年第2期，第9页。

② 张卫平：《现行仲裁执行司法监督制度结构的反思与调整——兼论仲裁裁决不予执行制度》，载《现代法学》2020年第1期，第116页。

③ 史飚：《仲裁裁决司法审查制度的完善》，载《山西财经大学学报》2004年第2期，第133页。

程序重叠交叉的所有审查事由都有可能构成弃权。相较之下，仲裁协议效力认定、仲裁程序不当、仲裁员公正性缺失、仲裁庭超裁等属于当事人可自由处分并决定是否向法院提出异议的情况，这些可以被纳入弃权规则之内。但是，在公共政策、可仲裁性这些事关仲裁合法性的基本命题方面，各国的法律冲突较为剧烈，且即便当事人未提出此类抗辩，被请求承认及执行的法院亦应当依据《纽约公约》第5条第2款予以主动审查，故不应将其纳入仲裁裁决异议权放弃的范围之内。

其次，如果扩张解释弃权规则的适用范围，很可能导致的结果是，当事人为了避免被判定为弃权，从而使相关异议能够在未来的执行程序中提出，其将率先在撤销程序中不假思索地提出各种或可能成立、不可能成立的异议，以增加成功挑战仲裁裁决的概率。这种情况固然可以脱离被识别为弃权的风险，但是却从另一个层面上为法院设定了滥诉难题，其未必符合法经济学的基本要旨。故而，弃权规则的适用范围，不宜过宽，亦不宜过窄，如何将其限定在合理且必要的程度之内，有待慎思。

最后，撤销程序与执行程序分属于不同国家时，尤其是仲裁地和执行地位于不同国家时，涉及两类跨境平行的司法审查程序间的协调，此时就要考虑到审理执行程序法院是否需要让位于另一国法院正在进行中的撤销程序，即法院的执行审查及执行措施是否因当事人在另一国启动撤销程序而进入诉讼中止状态。有学者已经试图对此展开相应的研究，并注意到，依据《纽约公约》第6条，在两类程序同时出现时，仲裁地法院在管辖方面具有优先性，但执行地法院在决定是否中止执行程序及是否要求当事人提供担保方面具备裁量权。①但也有学者认为，不予执行与撤销程序的共存实际上构成对仲裁裁决的双重监督，由于其监督事由高度重合，很有可能导致不同国家的法院得出完全相反的结论，故全面废除仲裁裁决撤销制度或有可能消解此种冲突。但从可行性来看，废止撤销制度后，对于不予执行所无法涵盖的制度功能，是否又需要寻求其他的替代制度？②在不同国家的法院就当事人提出的同一种异议

① 陈挚:《〈纽约公约〉体系下仲裁司法审查程序的冲突与协调——以〈纽约公约〉第6条为视角》，载《武大国际法评论》2019年第3期，第47页。

② ［荷］Albert Jan van den Berg:《仲裁裁决撤销制度应被废除吗？》，傅攀峰译，载《北京仲裁》2018年第1期，第1页。

（如仲裁违反正当程序）得出截然相反的结论时，是否有可能因私人商事争议引发各国法院对司法审查权的抵触？实践中，已撤销仲裁裁决在其他国家的法院得到执行的情况已受到关注，这在很大程度上揭示了此种冲突的升级。[①]概言之，此种跨国仲裁司法审查程序间的博弈内生于当事人意思自治这一仲裁基本理念，但在解决实践困境方面还要更加谨慎地考虑法律秩序间的协调。

四、中国现行《仲裁法》中的弃权规则及其完善方向

相比于其他国家的仲裁立法以及商事仲裁规则的国际趋势，我国现行《仲裁法》仅对仲裁管辖权异议的默示放弃有所涉及，对于仲裁程序异议权的放弃、仲裁裁决异议权的放弃则缺乏明确的规范。事实上，我国《仲裁法》框架下，申请撤销与不予执行仲裁裁决适用“双层双轨制”，即撤销与不予执行是相互独立的两套程序，而同时又明确区分涉外裁决的监督与非涉外裁决的监督。2012年修订《民事诉讼法》后，无涉外因素的国内仲裁裁决的撤销条件与不予执行条件得以并轨，二者虽然分别规定于《仲裁法》第58条与2012年《民事诉讼法》第237条，但在审查理由上已经实现统一。[②]2006年《最高人民法院关于适用〈中华人民共和国仲裁法〉若干问题的解释》（以下简称《仲裁法司法解释》）第26条规定：“当事人向人民法院申请撤销仲裁裁决被驳回后，又在执行程序中以相同理由提出不予执行抗辩的，人民法院不予支持。”由此，如果当事人在撤销程序中提出了相关异议，但未获支持，在此后的执行程序中，则不得再以已被否决的异议提出抗辩。不过，该司法解释仍然未曾回应立法的疏漏，对于撤销程序中未提出的异议，或者当事人未曾提起撤销之诉，是否受到弃权规则的钳制？其还能否在后续的执行程序中提出有关异议？为此，笔者认为，鉴于《仲裁法》及《仲裁法司法解释》没有明文纳入弃权规则，较为合理的解释是我国在制度层面并未确立裁决异议权的放弃，故此，不应否认当事人在执行程序中的异议权。相比之下，在本次出台的“征求意见稿”中，第33条明确规定：“一方当事人知道或者应当知道仲裁程序或

① 肖永平、廖卓炜：《已撤销仲裁裁决在美国的承认与执行》，载《经贸法律评论》2019年第2期，第49页。

② 宋连斌：《司法与仲裁关系的重构：“民诉法”有关仲裁新规定之解析》，载《仲裁研究》2013年第3期，第8页。

者仲裁协议中规定的内容未被遵守，仍参加或者继续进行仲裁程序且未及时提出书面异议的，视为其放弃提出异议的权利。”这既是对国际上普遍认可的仲裁弃权规则的引入，也是对我国国内部分仲裁规则中已有条款及仲裁实务经验的提炼，对于督促当事人及时行使权利，在仲裁程序中遵守诚实信用原则，具有重要意义。

在了解实然立法现状的基础上，应当明确，在国际商事仲裁中引入异议权放弃有其必要性，而这也是国际商事仲裁制度的主流趋势。为了在仲裁的效率与公正价值之间寻求平衡，在充分尊重当事人意思自治原则的基础上强化诚实信用理念在仲裁中的贯彻，督促当事人及时行使异议权，从应然层面分析，在未来《仲裁法》修改过程中，确有必要对弃权规则加以明文规定，从而弥补现行法的不足。具言之，对建立在有效仲裁协议基础上的仲裁管辖权的主张，以及对无效仲裁协议的抗辩，其事关争议究竟适合在法院抑或仲裁中解决，故而允许当事人适时提出相应的抗辩和异议。同时，对于仲裁程序中其他具体权利的弃权期限，也有必要作出清晰的规定，并明确认定放弃异议权的构成要件和法律后果，规定当事人如以可默示放弃的异议作为抗辩仲裁程序和仲裁裁决的事由，必须以其在规定期限内提出过异议为条件。[①] 另外，对于参与仲裁程序的当事人而言，弃权规则的适用为其及时行使异议权敲响了警钟，在仲裁程序中行使异议权，切不可抱着机会主义心态，坐等观望。[②] 相反，当事人及其代理人在面对可能存在的程序瑕疵时，应该当机立断，及早地提出有关异议，避免因弃权规则的适用而被剥夺或丧失相应的权利。

---

① 朱科:《异议权默示放弃制度之完善》，载《人民司法（应用）》2018 年第 7 期，第 90 页。

② 董箫:《用好商事仲裁程序中的异议权》，载《法人》2017 年第 6 期，第 54 页。

结合马来西亚新案例看国际工程索赔程序条款效力问题

——基于比较法的视角

李　佳*

● **摘要**

工程索赔作为工程管理的核心之一，其成功与否对国际承包商具有重要意义，但目前各个国家或法域对索赔程序条款的效力认定均不相同，司法实践也存在差异。本文作者从比较法的视角，结合马来西亚最近的案例法，从法律渊源和司法实践等维度分析和比较中国与马来西亚法域对索赔程序条款效力和程序瑕疵失权问题的不同观点，以期引起中国承包商对索赔问题的关注，从而加深对索赔程序性要求的重视，深入树立契约至上的理念，加强国际工程的索赔管理工作。

● **关键词**

索赔程序要求　程序瑕疵　索赔程序条款效力　中国　马来西亚

Abstract: The success of claims in overseas project contracting and engineering is of key importance to each and every international project contractor. However, the opinions on the validity of procedural requirement on claims vary from one country or territorial legal unit to

---

* 李佳，上海中建海外发展有限公司副总法律顾问。

another. The author of this paper conducts a comparative legal study on the legal sources and legal practice between China and Malaysia. On the basis of this comparative study, this paper attempts to attract more attention of international project contractors to claim management and help develop the spirit of contract.

Key Words: procedural requirement on claims, flawed claim procedures, the validity of procedural requirement clause on claim, China, Malaysia

一、前言

工程索赔是工程管理的一项核心内容，通常是指在建设工程施工合同履行过程中，合同当事人非因自身原因受到经济损失或者权利侵害时，基于法律规定或合同约定，通过一定的程序向对方主张权利的要求，[①] 主要可分为费用索赔和工期索赔两种。在国际建设工程领域，工程索赔的成败往往是决定项目盈亏的关键。然而可惜的是，这块“兵家必争之地”，未能引起大部分中国承包商的高度重视。中国承包商“走出去”历时尚短，在国际工程管理方面的能力和经验不足，尤其是在合同管理方面普遍存在短板。由于“以和为贵”“无讼”等传统理念的影响和“轻合同、重谈判”的交易习惯，中国承包商往往在项目履约过程中，不重视或者不愿意投入大量的时间和精力进行索赔管理，因此，在国际工程中，中国承包商不遵守合同索赔程序、逾期索赔的现象屡见不鲜，而这些存在程序瑕疵的索赔可能得不到业主和监理工程师的支持，使得承包商陷入索赔争议，有时甚至因此而引发诉讼或仲裁等。

不同法域在法律渊源、司法实践等方面，对索赔程序条款的效力、不遵守索赔程序承包商是否丧失索赔权利（以下简称索赔程序瑕疵即失权）等问题所持的观点和原则并不一致，值得中国承包商关注和进一步研究，从而有针对性地进行项目索赔管理和风险应对。本文拟从比较法的视角，以中国和马来西亚为例，从法律渊源和司法实践等角度分析和比较不同法域对索赔程序条款效力和程序瑕疵失权问题的不同观点，以期引起中国承包商对索赔问题

① 袁华之:《建设工程索赔与反索赔》，法律出版社 2016 年版，第 23 页。

的关注，从而加深对索赔程序性要求的重视，深入树立契约至上的理念，加强国际工程的索赔管理工作。

二、马来西亚法域下的索赔程序条款和索赔程序瑕疵即失权

（一）马来西亚司法裁判实践

马来西亚法律体系脱胎于英国普通法体系，同时在某些特定领域上吸收借鉴了其他国家的法律，[①] 其法律渊源主要包括普通法、成文法规、习惯法和本土法、伊斯兰教法以及国际法。马来西亚没有相关成文法对索赔程序条款效力问题作出规定，我们仅能从案例法和习惯法中去总结马来西亚对索赔程序条款效力的基本原则和观点。

1. 合同范本中的相关约定

马来西亚建筑师协会出台的标准合同文本（以下简称PAM合同）在建筑业界使用广泛，合同中针对工期索赔和费用索赔，均规定了索赔程序和程序瑕疵即失权原则，具体条款如下：

23.1　如果承包商认为第23条规定的相关事件导致或将推迟竣工日期，他可申请顺延工期。前提是：（a）承包商应书面通知建筑师其要求延长时间的意图，以及可能要求延长时间的初步估计，以及延误原因的所有细节。该通知必须在建筑师指令、建筑师指令确认或相关事件开始之日起的二十八（28）天内发出，以较早者为准，**发出书面通知是获得工期顺延的先决条件**[②]。

24.1　如果因24.3条规定的相关事件正常施工已经或可能受实质影响，

---

① 除了英国普通法系外，马来西亚的法律体系也深受澳大利亚法律和印度法律的影响。马来西亚的刑事诉讼法、劳动法、合同法等都是在印度相关法律的基础上修改而来的，而马来西亚土地法是根据澳大利亚的托伦斯登记制度建立的。

② *23.1 If the Contractor is of the opinion that the completion of the Works is or will be delayed beyond the Completion Date by any of the Relevant Events stated in Clause 23.8, he may apply for an extension of time provided always that: the Contractor shall give written notice to the Architect his intention to claim for such extension of time together with an initial estimate of the extension of time he may require supported with all particulars of the cause of delay. Such notice must be given within twenty eight (28) Days from the date of the AI, CAI or the commencement of the Relevant Event, whichever is earlier. The giving of such written notice shall be a condition precedent to an entitlement of extension of time.*

且已经或可能给承包商造成损失和/或费用，承包商可针对损失和/或费用进行索赔。前提是：(a) 承包商应书面通知建筑师其要求费用索赔的意图，以及可能要求费用的初步估计，以及延误原因的所有细节。该通知必须在建筑师指令、建筑师指令确认或相关事件开始之日起的二十八（28）天内发出，以较早者为准，**发出书面通知是获得费用赔偿的先决条件**[①]。

——PAM合同（2018版）

除PAM合同外，在公共工程领域普遍使用的马来西亚公共工程局PWD标准施工合同文本（第44.3条）、亚洲仲裁中心标准施工合同文本［23.1条（d）款］、建筑行业发展管理局CIDB标准合同文本（第32.1条）均约定了索赔期限为28天/30天。且在上述标准合同文本中，均规定了在索赔期限内提交书面索赔通知是承包商获得工期顺延或费用赔偿的先决条件（Condition Precedent），也就确定了索赔程序瑕疵即失权的原则。通过这些标准合同范本，索赔程序条款和索赔程序瑕疵即失权的原则已经成为马来西亚普遍适用的行业惯例。

2. 司法裁判实践

整体而言，马来西亚司法实践一般倾向于对索赔程序条款做严格解释，尊重当事人契约自由，基本支持索赔程序瑕疵即失权的原则。裁判者在面对索赔程序条款时，一般会首先识别合同中约定的索赔程序要求是否是批准索赔的先决条件。先决条件是普通法系合同法中的常见概念，是指在一事件发生前必须发生的另一事件，即在一方有强制义务来遵守相关程序，从而让自己

---

① *24.1 Where the regular progress of the Works or any section of the Works has been or is likely to be materially affected by any of the matters expressly referred to in Clause 24.3, and the Contractor has incurred or is likely to incur loss and/or expense which could not be reimbursed by a payment made under any other provision in the Contract, the Contractor may make a claim for such loss and/or expense provided always that: the Contractor shall give written notice to the Architect of his intention to claim for such loss and/or expenses together with an initial estimate of his claim duly supported with all necessary calculations. Such notice must be given within twenty eight (28) Days from the date of the AI, CAI or the start of the occurrence of the matters referred to in Clause 24.3, whichever is the earlier. The giving of such written notice shall be a condition precedent to any entitlement to loss and/or expense that the Contractor may have under the Contract and/or Common Law.*

可以行使其他合同权利[①]。

首先，在合同条款中如明示遵守索赔程序是索赔得到批准的先决条件或者间接表示未按照索赔程序会丧失索赔权利，此类将索赔程序的遵守应视为强制义务（Mandatory Obligation）意思表达，应可认定为明显的先决条件条款，法院会尊重当事人双方的合同约定。马来西亚联邦法院 Datuk Yap Pak Leong 诉 Sababumi Sdn Bhd 上诉案[②]中，法官认为“当合同用词非常清晰，法庭必须赋予合同效力，即使结果看起来不合理”且“法庭无权利评价或修改合同，只为避免不公或不便”。不过法官普遍对于先决条件的认定比较严苛，在 Globe Engineering Sdn Bhd 诉 Bina Jati Sdn Bhd[③]案例中，法官要求“先决条件必须明确、清楚地写明，不会产生任何歧义”。

其次，如果合同未明确规定索赔程序要求是先决条件，在这种情况下裁判者需要判断合同中对索赔程序的要求是强制性条款还是指导性条款，自由裁量的空间比较大。就马来西亚整体而言，采纳了英国案例法的基本原则，在大部分案例中法官从衡平法（Equity Law）的角度出发，倾向于将索赔程序条款解读为指导性条款。例如，Syarikat Tan Kim Beng & Rakan-rakan 诉 Pulai Jaya Sdn Bhd[④]案例中，法官认为，未能满足索赔通知程序，并不能消灭承包商的索赔权利本身。值得注意的是，仍有少部分案例中裁判者认为应综合条款本身、整个合同及法律的一般性规定来看，判断程序要求是否为强制性，即是否构成先决条件。例如，Sunissa Sdn Bhd 诉 Kerajaan Malaysia 及 Anor[⑤]案例中，合同仅约定了具体的索赔通知程序，但未约定索赔程序要求是索赔的先决条件或者未满足时是否失权。法官在判决书中仔细考量了索赔前置程序的“合理性、目的性、可操作性”，并非常精辟地写道：“英语表述具有可塑性和通用性，可以用不同的措辞来表达相同的意思。在起草商业文件时，只

---

① NAVEEN SRI KANTHSA：EXTENTION OF TIME，LOSS & EXPENSES and Its NOTICE REQUIREMENTS-IF YOU FAIL TO PLAN，YOU PLAN TO FAIL，at https://www.thomasphilip.com.my/articles/extension-of-time-loss-expense-and-its-notice-requirements-if-you-fail-to-plan-you-fail-to-plan-1（Last visited on June 2，2021）.

② Datuk Yap Pak Leong V Sababumi Sdn Bhd［1998］MLJU 599.

③ Globe Engineering Sdn Bhd V Bina Jati Sdn Bhd［2014］7 CLJ 1.

④ Syarikat Tan Kim Beng & Rakan-rakan V Pulai Jaya Sdn Bhd［1992］1 MLJ.

⑤ Sunissa Sdn Bhd V Kerajaan Malaysia［2020］Ml JU 283.

要不同的措辞能够清楚地反映其含义，就不应过于严格和苛刻。尽管非常不喜欢刻板地遵守程序性要求，但既然双方已经就条款的后果达成一致，则应该赋予条款应有的效力。”法官认为：“将合同条款放在一起阅读，并理解其正常的、自然的语义，索赔通知的程序要求条款确实构成了先决条件。”

索赔程序瑕疵即失权条款的效力在实践中已得到广泛认可，但条款的适用也存在限制。在马来，未遵守索赔程序的承包商一般会有两种抗辩思路，第一种是利用弃权原则（Principle of Waiver），即监理工程师或业主已经审批过此前未遵守索赔程序提交了的索赔，这样的默示行为即表示放弃了先决条件；第二种是适用阻碍原则（Prevention Principle）。阻碍原则在工期索赔中指因业主原因（Act of Prevention）导致工期延误时，业主不得要求承包商按期竣工，也就丧失对承包商处以工期罚款的权利。

在适用弃权原则的司法实践中，存在两种不同的情形。工期索赔（EOT）案例中，案例法基本确立了可通过默示行为放弃先决条件的原则。例如，在Top Speed Holding Sdn Bhd 诉 Conlay Construction Sdn Bhd[①] 案例（申请撤销仲裁裁决案）中，法官支持了仲裁员的主张，认为“仲裁员在事实查明中得出结论，合同双方通过其行为，表示放弃了（工期索赔程序）要求，尽管这个索赔程序要求是强制性的，但仲裁员的理据非常充分，法院无理由进行干涉”。但在笔者搜索费用索赔（L&E）案例时，发现法官的观点与上述工期索赔案例中的并不相同。例如，Perbadanan Pembagunan Pulau Pinang 诉 Trikkkon A Construction Sdn Bhd[②] 案例中，被告提出对合同熟知的监理工程师未对逾期索赔提出任何控诉，这种行为本身就是认为逾期索赔正当，但法官驳斥了这种观点，指出监理工程师的行为与案例事实本身毫无关系，在索赔获批前，必须严格遵守索赔通知程序。因此，被告（承包商）未按照合同要求提交费用索赔，上诉人（发包人）有权拒绝。

至于阻碍原则在工程索赔情形下的适用问题，澳大利亚北领地最高法院在Gaymark Investments Pty Ltd 诉 Walter Construction Group Ltd 案例[③] 中开创性地确认了阻碍原则优先于合同索赔程序条款，即在发包人引起延误的情形下，即

---

① Top Speed Holding Sdn Bhd V Conlay Construction Sdn Bhd［2011］MLJU 121.

② Perbadanan Pembagunan Pulau Pinang V Trikkkon A Construction Sdn Bhd［2012］2 MLJ.

③ Gaymark Investments Pty Ltd V Walter Construction Group Ltd［1999］NTSC 143.

使未能按索赔程序进行索赔，承包人也不会因此丧失索赔权利。但是就马来法域下的司法实践来看，裁判者对此观点的态度并不一致。Kerajaan Malaysia 诉 Ven-Coal Resources Sdn Bhd 案例[①]和 Nam Fatt Construction Sdn Bhd 诉 JST Connectors（Malaysia）Sdn Bhd 及 OCBCBank（Malaysia）Berhad 案例[②]中，都存在业主造成延误导致自由工期的事实，虽承包商未能按期提交索赔通知，但法官均支持了承包商索赔的权利。值得注意的是，近两年也有很多马来的裁判者不认可这种观点。Thiruppuvanam 诉 Ong Chong Realty Sdn Bhd & Anor 案例[③]中，裁判者认为（索赔程序要求）先决条件已经规避了阻碍原则的使用，承包商未能按照合同约定进行索赔，应认为已经失去了索赔权利。

虽然承包商在马来司法实践中通过主张"阻碍原则"来规避其自身没有依约通知的违约行为，但其能否获得裁判者的支持，目前仍存在很大的不确定性。这种不确定性本身，从本质上来看，反映出普通法系裁判者努力在维护契约自由和实现实体公正之间寻求平衡，裁判者会结合案例的具体事实情况，从判例总结出来的法律规范中选择最符合自我认知的进行适用并作出判决。

（二）两个新案例带来的变化

2021 年马来西亚上诉法院的 Yuk Tung Construction Sdn Bhd 诉 Daya Cmt Sdn Bhd and Another Appeal 案例[④]（以下简称 Yuk Tung 案例）和吉隆坡高等法院的 KL Eco City Sdn Bhd 诉 Tuck SIN Engineering & Construction Sdn Bhd 及 Hercules Engineering（SEA）Sdn Bhd 案例[⑤]（以下简称 KL Eco City 案例）改变了上述案例法的现状，引起了业界的广泛讨论。

1. KL Eco City 案例

KL Eco City 案例中，原告 KL Eco City 公司作为 Link Bridge 项目的承包人，在施工过程中提交了 3 次 EOT 申请，项目监理工程师在 EOT1 和 EOT2 中分别批准了 6 天和 13 天，但最终承包商仍未能按照合同约定竣工日期完工。

---

① Kerajaan Malaysia V Ven-Coal Resources Sdn Bhd［2014］11 MLJ 218.

② Nam Fatt Construction Sdn Bhd V JST Connectors（Malaysia）Sdn Bhd and OCBCBank（Malaysia）Berhad［2015］1 LNS 1335.

③ Thiruppuvanam V Ong Chong Realty Sdn Bhd & Anor［2017］MLJU 644.

④ Yuk Tung Construction Sdn Bhd V Daya Cmt Sdn Bhd and Another Appeal［2020］MLJU 1084.

⑤ KL Eco City Sdn Bhd V Tuck SIN Engineering & Construction Sdn Bhd and Hercules Engineering（SEA）Sdn Bhd［2020］1 LNS 360.

原告的 EOT 申请均未按照 PAM 合同约定的索赔通知期内提交通知。被告 Tuck Sin Engineering（业主）主张原告逾期索赔失权，原告认为监理工程师批准 EOT1 和 EOT2 的行为本身代表已经放弃对索赔程序的要求。针对 EOT 逾期索赔失权问题，法官认为 PAM 合同条款本身已非常清楚写明在 28 天内提交书面索赔通知是准予工期顺延的强制性先决条件。既然原告未能满足此先决条件，这对于原告主张 EOT 的权利是致命性的。

至于监理工程师审批 EOT1 和 EOT2 的行为是否构成业主对索赔程序要求的放弃，原告援引 W J Alan& Co Ltd 诉 EL Nasr Export &Import Co Ltd[①] 案例中的弃权原则（The principle of waiver），即“如果一方通过他的行为，让对方相信其不会坚持对行使合同权利应遵守的程序要求，且另一方有理由基于这样的相信而采取了行动，那么该方不得在事后要求另一方遵守合同义务，这对另一方可能造成不公”，进行抗辩。但是本案法官援引了 City Inn Ltd 诉 Shepherd Construction Ltd 案例[②] 和 Tropicon Contractors Pte Ltd 诉 Lojan Properties Pte Ltd 案例[③] 来反驳弃权原则，认为本案中监理并没有实际或表见的代理权来代表业主放弃合同权利，除非合同中明示监理有此权限。因此，监理对 EOT 申请的审核或批准，并不能理解为业主对索赔程序要求的放弃。监理对 EOT 的批准对业主不具有约束力，除非业主追认。此外，即使监理确实未能在合理时间内审批 EOT，可能导致自由工期（time at large，即承包商可在合理工期内完工，而不必遵守合同约定的工期），但承包商不能因自己违约行为（未能按照程序要求索赔）而获利。针对费用逾期索赔失权问题，法官也论述了和 EOT 索赔一样的观点。

需要说明的是，在马来一般的行业惯例是项目监理工程师代表业主负责项目的管理，包括对索赔进行审核，监理审批索赔的权限是毋庸置疑的，而且合同或实践中均不存在业主对索赔进行二次确认的程序。但如果按照上述裁判者的观点，监理不能代表业主放弃对索赔程序的要求，且监理批准的索赔对业主不具有约束力，那么在实际意义上就不存在任何通过默示行为放弃索赔程序要求的路径。

---

① W J Alan& Co Ltd V EL Nasr Export &Import Co Ltd［1972］2 All ER 127.

② City Inn Ltd V Shepherd Construction Ltd［2003］ScotCS 146.

③ Tropicon Contractors Pte Ltd V Lojan Properties Pte Ltd［1991］2 MLJ 70.

2. Yuk Tung 案例

Yuk Tung 案例中，原告 Daya Cmt Sdn Bhd（分包商）起诉被告 Yuk Tung Construcition Sdn Bhd（总包商）违约及错误地终止合同。一审吉隆坡高院审理后作出判决，认为原告因逾期索赔，不应获得更多工期顺延，且被告的解除合同行为是合法有效的。原告遂向上诉法院提起上诉。上诉法院法官支持了一审判决。

在判决中，上诉法院法官认为合同第 43 条“当合同工期被明显地延误，承包商应立即（Forthwith）提交有关延误的书面通知”，应理解此条款意为书面通知是审核 EOT 的前提条件，且“立即”这个词本身暗示了发通知的紧迫性。合同当事人应受合同约束，除非合同约定本身违法等例外情形。既然合同已经约定原告必须提交索赔通知，即使监理工程师未能按合同及时审批 EOT，原告在合同规定的时限内发出书面索赔通知的义务仍然存在，否则丧失索赔权利。因此，法官认为本案原告未满足索赔通知程序的情况下，监理工程师不予审批 EOT 是合法的，原告的索赔权利已丧失。此外，原告适用阻碍原则来推翻先决条件的约定，也被裁判者驳回。裁判者认为承包商未能遵守索赔程序条款本身已经剥夺其索赔权利，不得再适用阻碍原则。

众所周知，普通法系中，上级法院作出的判决一旦生效，对下级法院审判类似案例时具有约束力（Binding Authority），即便无上下级关系，法院作出的生效判决对于其他法院审判类似案例也具有说服力（Persuasive Authority）。尽管上诉法院对 Yuk Tung 案件作出的判决理论上仍可以请求联邦法院（Federal Court）作最终审判，但据笔者了解，案例当事人未再继续提起上诉，该上诉法院判决即为终审判决。当事人对吉隆坡高院对 KL Eco City 案件作出的判决已经向上诉法院提起上诉，但根据马来西亚法律，在上诉法院做出裁判前一审吉隆坡高院判决已生效。因此这两个新案例对于目前仍在审或将要审判的类似案例造成了非常重大的影响，甚至完全颠覆部分案例的判决结果。

综上，马来司法实践尊重当事人契约自由，倾向于认可索赔程序条款和索赔程序瑕疵即失权条款的效力，仅在极少数例外情形下可不予适用，且从近日新案例来看，对索赔程序瑕疵即失权条款进行限缩性适用的趋势愈来愈明显。

三、中国索赔时效和逾期索赔失权问题

（一）法律规定和合同范本中的相关约定

我国《最高人民法院关于审理建设工程施工合同纠纷案件适用法律问题的解释（一）》（法释［2020］25 号，以下简称司法解释（一））沿用了 2018 年发布的《最高人民法院关于审理建设工程施工合同纠纷案件适用法律问题的解释（二）》（现已废止）第 6 条的规定，在第 10 条第 2 款中规定“当事人约定承包人未在约定期限内提出工期顺延申请视为工期不顺延的，按照约定处理，但发包人在约定期限后同意工期顺延或者承包人提出合理抗辩的除外”。最高人民法院对该条文的释义中明确提出“如果当事人仅约定承包人提出工期顺延申请的期限，但是未明确约定未在约定时间内提出申请视为工期不顺延或者视为放弃权利，则不能直接认定承包人未申请顺延工期的后果是放弃主张顺延权利”。值得注意的是，上述法律只针对工期索赔情形，未讨论费用索赔的情形。

在我国使用最广泛的《建设工程施工合同示范文本》（以下简称示范文本）自 2013 版本起就确立了逾期索赔失权的制度，在 2017 年发布的示范文本（GF-2017-0201）中保留了这一条款，而在之前 1991 版和 1999 版中均没有相关约定。2017 版示范文本中，对逾期索赔的约定如下：

> 19.1　承包人的索赔
>
> 根据合同约定，承包人认为有权得到追加付款和（或）延长工期的，应按以下程序向发包人提出索赔：
>
> （1）承包人应当在知道或应当知道索赔事件发生后 28 天内，向监理人递交索赔意向通知书，并说明发生索赔事件的事由；承包人未在前述 28 天内发出索赔意向通知书的，丧失要求追加付款和（或）延长工期的……
>
> ——《建设工程施工合同示范文本》（GF-2017-0201）

结合司法解释（一）和示范文本来看，我国建筑业基本会在合同中设置逾期索赔失权条款，如果当事人形成这样的意思表示，在法律上是有效力保障的。但在具体的实践中，逾期索赔失权条款的效力如何，及司法解释（一）规定的例外情形包括哪些具体适用条件，都需要在具体的案例中寻找答案。

（二）司法审判实践

1. 合同中约定了逾期索赔失权条款

关于逾期索赔失权条款的效力，尽管最高院出台了司法解释，规定如有逾期索赔失权条款的约定，按约定处理，但司法实践中并没有完全统一适用此原则。实践中的主流观点确实支持该条款属于民事主体意思自治的范畴，并不违反强制性法律规定，属于有效条款，但少数法官基于案例情况的特殊性和对司法解释条文的理解，未认可逾期索赔失权条款的效力[①]。最高人民法院（2019）民申2708号再审案例中，并未驳回西藏自治区高院（2018）藏民终67号二审判决中“当事人对诉讼时效利益的预先放弃无效”的观点。这与之前最高人民法院（2014）民一终字第56号公报案例对逾期索赔失权条款效力的肯定南辕北辙。笔者认为，这种司法实践中的不一致可能与建设工程案例本身的复杂性和裁判者对承包商弱势地位的考量有关。

2. 合同中未约定逾期索赔失权，仅约定了索赔程序

从目前的司法实践来看，合同在未约定逾期索赔失权时，索赔程序条款基本不具备强制执行力，因此仅以未按照合同索赔程序为由主张失权，很难得到法院支持。最高人民法院（2014）民一终字第310号案例判决书中，法院认为“双方虽对工期顺延及索赔程序进行了约定，但并未明确承包人未提出工期顺延或未按约定程序索赔或不及时索赔的法律后果”。大部分法院［福建省福州市中级人民法院（2017）闽01民终1448号、浙江省温州市中级人民法院（2018）浙03民终314号、陕西省西安市中级人民法院（2016）陕01民终4159号等］[②]都在判决书中沿用了上述最高法的观点。因此，在我国司法实践中，单纯对索赔程序的约定并不具有强制性，裁判者“应当从严审查失权条款的要件，避免软化权利效能”。[③]

3. 合同中约定了逾期索赔失权，但可适用例外情形

根据司法解释（一）第10条，即使合同中清楚约定了逾期索赔失权，但

---

① 晋威：《逾期索赔失权问题攻防手册》，载微信公众号“天同诉讼圈”，2020年7月4日。

② 参见《工程索赔逾期失权问题的司法裁判观点梳理》，载西安市市政建设（集团）有限公司网站，http://www.xaszg.com/news/1679.html（最后访问时间2021年6月19日）；席文战：《施工合同索赔时效法律效力认定》，载微信公众号“建纬郑州高屋建瓴”，2019年2月11日。

③ 张仁藏：《〈建设工程司法解释二〉解读六——工期顺延的认定》，载新浪博客，http://blog.sina.com.cn/s/blog_70ead15f0102z8oe.html（最后访问时间2021年5月29日）。

仍可以有例外情形：一是发包人在约定期限后同意工期顺延；二是承包人提出合理抗辩。第一种情形与马来西亚司法实践中所讨论的"弃权原则"类似，即发包人以默示行为同意了 EOT，例如在会议纪要、工程联系单、函件、通知等书面文件中表示同意工期顺延，应视为其对权利的放弃。这本身符合我国合同法的诚实信用原则，在我国司法实践中也是普遍认可的。

司法解释（一）第 10 条规定的第二种例外，即承包人提出合理抗辩，此处合理抗辩，笔者认为应是针对逾期索赔的原因而言，但是"合理"的标准并不明确。根据《最高人民法院新建设工程施工合同司法解释（一）理解与适用》一书[①]，对合理抗辩具体的判断因素包括：（1）承包人不存在怠于行使权利的故意，而是因客观原因没有按约定时间提出工期索赔的请求。（2）承包人在约定时间内没有提出工期索赔，不影响法院对导致工期延误事实的查明。（3）要考虑承包人在诉讼中提出工期顺延的主张对发包人的影响，即结合案例事实考虑是否需要优先保护发包人的信赖利益，制止承包人的不诚信行为。

但需要指出的是，合理抗辩的例外在司法实践中赋予了裁判者一定的自由裁量权，在中国的司法实践中，可以发现相比程序公正，裁判者更加关注实体公正，即分析工期本身是否存在延误及延误的责任问题。侯林在其《未按约定时间提出工期顺延申请或工期索赔时，承包人提出工期抗辩事由是否系合理抗辩的分析》[②]一文中，指出裁判者倾向以发包人对工期延误是否有过错，来判断承包人是否存在合理抗辩。山西省高级人民法院（2020）晋民终 645 号案例中，法院在讨论关于被告反诉原告赔偿延期交工的违约责任的问题时，认为"原告虽未提供充分证据证明工期顺延经过被告确认，但经本案查明的事实可以确认确实存在被告增加工程量以及被告直接将部分工程分包给第三人的情况，故原告提出工期顺延的合理抗辩成立"。笔者认为，如果大部分裁判者均认可发包人承担工期延误责任可视为逾期索赔的合理抗辩，而不考虑合同的约定和承包人是否遵守合同要求，则在一定程度上违背逾期索赔失权的制度价值。此外，司法解释（一）第 10 条也仅讨论了工期顺延下的合

---

① 最高人民法院民事审判第一庭编著：《最高人民法院新建设工程施工合同司法解释（一）理解与适用》，人民法院出版社 2021 年版。

② 参见侯林：《未按约定时间提出工期顺延申请或工期索赔时，承包人提出工期抗辩事由是否系合理抗辩的分析》，载知乎，https://zhuanlan.zhihu.com/p/374375926（最后访问时间 2021 年 6 月 7 日）。

理抗辩，未论及费用索赔情形。

从上述分析可以看出，相比马来对索赔程序的整体要求，我国更加重视索赔的时效要求，中国成文法、司法实践和行业惯例基本均认可逾期索赔条款的效力，合同中明确约定逾期索赔失权的，大部分裁判者会应尊重合同约定，但合同未约定逾期索赔失权的，基本均不认可索赔程序的强制力。逾期索赔失权条款存在例外情形，承包人可提出业主方已以默示行为放弃权利或其他合理抗辩，使得逾期索赔失权条款无法适用。但值得注意的是，成文法和司法实践大部分只讨论了工期索赔情形下逾期索赔失权问题，并没有涉及费用索赔。

综上，可以将马来西亚和中国在索赔程序和程序瑕疵失权方面的司法实践原则总结成下表：

类型	马来西亚	中国
合同范本	基本约定未遵守索赔程序失权	约定工期索赔情形下的逾期索赔失权
成文法规范	无	有
索赔程序瑕疵即失权条款的效力	一定有效	大部分有效，存在个别例外情况
仅约定索赔程序	看条款本身是强制性还是指导性	不具有强制力
适用限制情形	阻碍原则：裁判者观点不一致； 弃权原则：看行为人是否有权利放弃合同权利。	（1）发包人在约定期限后同意工期顺延； （2）合理抗辩。

总之，从上表中可以看出，在索赔程序条款和索赔程序瑕疵即失权条款方面，马来西亚更崇尚契约自由的精神，对索赔程序条款和程序瑕疵失权条款的效力更加维护；而中国在司法实践中更加关注实体公正，会更顾及对承包商谈判弱势地位的救济，在司法实践中相比追求意思自治更注重公平公正。本文对中国和马来西亚司法实践的分析，也基本反映出大陆法系和普通法系对索赔程序条款效力相关问题的原则和一贯做法，即普通法系一直比较倾向认可索赔程序条款的效力，而大陆法系也展现出逐渐认可索赔程序条款效力、对例外情形进行限缩适用的趋势。①

① 高印立、石伟：《比较法视野下的建设工程合同索赔期限条款的适用——兼评〈建设工程施工合同司法解释二〉第6条第2款》，载《北京仲裁》2019年第3辑。

四、对承包商索赔管理的建议

（一）加强对索赔条款及相关条款的审核和交底

在审核建设工程合同时，我们往往会将注意力集中在工程范围、工期和质量、工程造价、付款和结算、竣工验收、质量保修、违约责任等主要条款，对索赔程序条款不予重视。但如上所言，索赔程序条款很可能直接关系到承包商索赔权利的实现。因此建议承包商加强对索赔程序条款的审核。除了关注索赔程序瑕疵的后果外，也需要留意索赔通知发出时限、索赔通知形式要件、索赔报告提交的时限及形式、内容要求等，此外，索赔程序条款是否同样适用业主反索赔，是否在工期索赔和费用索赔情形下均适用等问题也需要注意。除索赔条款本身外，也需要综合对索赔相关条款进行审核，例如，监理 / 业主审核索赔的权限、进度报量是否需提供索赔列表和资料、指定分包的索赔审批权限等。在合同审核阶段，有必要进行索赔相关条款的交底，让索赔人员掌握索赔的权利界限、程序和法律后果。

（二）提高索赔管理水平和索赔能力

总体而言，索赔程序瑕疵即失权条款的效力在大部分法域是得到认可的，即使存在例外情形，或者合同中未约定失权的后果，考虑到司法实践的不确定性，遵守索赔程序要求对于保全承包商利益而言是最有效的途径。因此首先必须确保严格按照合同对索赔程序的要求对项目索赔管理进行把控。其次，提高索赔管理能力。在实际项目中，为确保项目顺利实施，监理工程师或业主正常情况下不会过度苛求程序合规，监理工程师拒绝审核或批准索赔文件的理由往往是索赔资料不足或无合同或法律依据。不少项目管理人员沿用国内的项目管理经验，寄希望于谈判来解决争议或者扭转亏损，而轻视过程中的同期资料收集和索赔策划。最后，灵活根据合同条款或实际情况做好索赔安排。例如，一般索赔程序条款不会明确索赔通知的具体形式，在实践中可以采用可替代“通知”的其他书面文件，包括会议纪要、施工日志等，[①] 当然前提是这些替代文件的通知效力已经得到当地交易习惯或项目监理的认可。特别是在事件紧急或者施工任务紧张时，使用替代程序会帮助节约时间、留下更多空间。此外，在业主 / 监理工程师口头同意确认索赔或放弃索赔程序要

---

① 张明峰:《国际工程合同索赔时效的挽救》，载《国际工程与劳务》2015 年第 1 期，第 80 页。

求时，需要留心相关书面确认证据的收集和留存。

（三）因地制宜调整索赔策略和索赔程序瑕疵的抗辩

如上文所述，不同国家对于索赔程序瑕疵是否失权，在行业习惯、法律法规及司法实践中的态度和把握尺度均不一致。国际工程的索赔管理也需要因地制宜、有的放矢。在如中国这样强调实体公正多于程序要求的法域，显然过程中应更重视自身履约，在抗辩索赔程序瑕疵时应将侧重点放在业主或第三方责任举证上。相比而言，在如马来这样的英美法系国家，契约至上、遵循先例的原则，需要从根本上加强对国际工程索赔的重视，可以在进入市场的初期阶段，聘用外部顾问或专家驻场或提供咨询，逐渐树立项目按合同索赔的意识，从而培养中国承包商自己的索赔专家团队。一旦出现或预判可能出现索赔争议，承包商应留心去系统了解当地司法实践和行业惯例，提前做好策略研判，有必要时在咨询专家和律师意见后，在过程中尽量补正程序瑕疵或者增强抗辩理据，为防止争议扩大储备“先手”和“高招”。

征稿启事

《北京仲裁》由北京仲裁委员会/北京国际仲裁中心主办，主要刊登中外仲裁、调解、工程评审等与多元化纠纷解决机制相关的民商事理论性、实践性的论文或者介绍性文章以及符合前述范围的翻译文章。本出版物每年出版四辑，下设“主题研讨”“专论”“仲裁讲坛”“比较研究”“ADR专栏”“案例评析”“办案札记”等栏目。

编辑部热诚欢迎广大读者投稿，投稿前请仔细阅读以下注意事项：

1. 来稿应符合本出版物网站（www.bjac.org.cn /magazine/）的投稿要求及注释体例，并按要求写明作者信息、中英文题目、内容摘要、关键词等信息。

2. 来稿应严格遵守学术规范，如出现抄袭、剽窃等侵犯知识产权的情况，由作者自负责任。

3. 为扩大本出版物及作者信息交流渠道，本出版物已经委托博看网数字发行，并已被CNKI中国期刊全文数据库收录。凡向本出版物投稿的稿件，即视作作者同意独家授权出版其作品，包括但不限于纸质图书出版权、电子版信息网络传播权、无线增值业务权等权利，授予本出版物授予合作单位再使用、授予相关数据库收录之权利，作者前述相关的著作权使用费将由编辑部在稿酬内一次性给付。若作者不同意前述授权的，请在来稿时书面声明，以便做适当处理；作者未书面声明的，视为同意编辑部的前述安排。

4. 投稿方式：请采用电子版形式，发送至电子邮箱bjzhongcai@bjac.org.cn。如在两个月内未发出用稿或备用通知，请作者自行处理。

5. 所有来稿一经采用，即奉稿酬（400元/千字，特约稿件500元/千字）。

《北京仲裁》编辑部

图书在版编目 (CIP) 数据

北京仲裁. 第 117 辑 / 北京仲裁委员会（北京国际仲裁中心）组编 .—北京：中国法制出版社，2022.3

ISBN 978-7-5216-2549-3

Ⅰ . ①北…　Ⅱ . ①北…　Ⅲ . ①仲裁－司法监督－中国－文集　Ⅳ . ① D925.7-53

中国版本图书馆 CIP 数据核字（2022）第 036459 号

策划编辑：马　颖
责任编辑：侯　鹏　　　封面设计：李　宁

北京仲裁（第 117 辑）

BEIJING ZHONGCAI（DI 117 JI）

组编 / 北京仲裁委员会（北京国际仲裁中心）

经销 / 新华书店

印刷 / 保定市中画美凯印刷有限公司

开本 / 787 毫米 ×960 毫米　16 开　　　印张 / 10　字数 / 163 千

版次 / 2022 年 3 月第 1 版　　　2022 年 3 月第 1 次印刷

中国法制出版社出版

书号 ISBN 978-7-5216-2549-3　　　定价：39.00 元

北京市西城区西便门西里甲 16 号西便门办公区

邮政编码：100053　　　传真：010-63141600

网址：http://www.zgfzs.com　　　**编辑部电话：010-63141826**

市场营销部电话：010-63141612　　　**印务部电话：010-63141606**

（如有印装质量问题，请与本社印务部联系。）